合肥师范学院学术出版基金资助出版

U0839007

小学师生关系
影响力与亲密度研究

汪昌华　余燕来◎编著

北京师范大学出版集团
BEIJING NORMAL UNIVERSITY PUBLISHING GROUP
安徽大学出版社

图书在版编目(CIP)数据

小学师生关系影响力与亲密度研究/汪昌华,余燕来编著. —合肥:安徽大学出版社,2022.5
ISBN 978-7-5664-2364-1

Ⅰ. ①小… Ⅱ. ①汪… ②余… Ⅲ. ①小学—师生关系—研究 Ⅳ. ①G625.6

中国版本图书馆CIP数据核字(2022)第006056号

小学师生关系影响力与亲密度研究 **汪昌华 余燕来** 编著

出版发行: 北京师范大学出版集团
安徽大学出版社
(安徽省合肥市肥西路3号 邮编230039)
www.bnupg.com.cn
www.ahupress.com.cn
印　　刷: 合肥远东印务有限责任公司
经　　销: 全国新华书店
开　　本: 170 mm×240 mm
印　　张: 13.5
字　　数: 214千字
版　　次: 2022年5月第1版
印　　次: 2022年5月第1次印刷
定　　价: 39.00元
ISBN 978-7-5664-2364-1

策划编辑: 姜　萍　王　黎
责任编辑: 姜　萍
责任校对: 王　晶
装帧设计: 李　军
美术编辑: 李　军
责任印制: 陈　如　孟献辉

序言

在政府或教育部门看来，师生关系只是影响学生学习的“软角色”。但是近年来，学生在学业、社会认知、情感及行为上的问题日渐显现。不少学者指出师生关系的疏离和破裂，是导致学生学业失败和学校教育危机的主要原因。

近三十年来，师生关系问题受到了国内研究者的广泛关注。有研究者从古今之变的角度审视师生互动关系，认为古代师生关系是亲密友爱的，且学生敬畏教师；而现代师生关系是平等契约式的，是疏离的。[①] 当下小学师生关系在走向民主与平等的同时，也出现了冲突和疏离。联合国教科文组织曾呼吁，“我们应该从根本上重新评价师生关系这个传统教育大厦的基石”。[②]

---

① 李长伟:《师生关系的古今之变》,《教育研究》,2012 年第 8 期。

② 联合国教科文组织国际教育发展委员会编著:《学会生存——教育世界的今天和明天》,北京:教育科学出版社,1996 年,第 107 页。

国外师生关系现状研究主要为伍贝斯(Wubbels)等对教师人际交往行为的研究。依据利里(Leary)关于人际交往的影响力和亲密性两个维度,伍贝斯编制了教师互动问卷(Questionnaire on Teacher Interaction, QTI)。[①] 此后,关于中学师生关系影响力与亲密性现状的研究在印度、韩国、新加坡、美国、澳大利亚等二十多个国家迅速开展起来,但少有对中国小学师生关系影响力与亲密性的研究。

小学阶段是师生关系初步形成时期。此阶段,教师是师生关系的主导者,教师亲切性,即那些缩小师生之间空间和心理距离的教师言语和非言语沟通行为,[②]将影响小学师生关系的走向。以往的研究集中在师生关系对学生学习和学校适应的影响等,[③]以及教师亲切性对学生情感和认知领域学习的影响。[④]

本书运用哲学、社会学、政治学等学科理论,特别是教育学和心理学的观点、方法与技术,回顾了小学师生关系影响力、亲密度及教师亲切性的国内外研究现状,阐明了师生关系的研究意义、内涵与结构等,建构了小学师生关系影响力、亲密度及教师亲切性的指标体系,全面调查了小学师生关系影响力、亲密度及教师亲切性的现状,聚焦教师亲切性对小学师生关系现状的影响,深入家庭教养实践和学校日常生活,解释分析了小学师生关系的形成,以期为评估教师亲切性、干预师生关系提供事实依据,为建构亲密和谐的师生关系提供新思路。本书主要包括以下七章内容。

---

① Wubbels T., Creton H. A., Hooymayers H. P., "Discipline Problems of Beginning Teachers: Interactional Teacher Behavior Mapped Out", *Paper Presented at the Annual Meeting of the American Association Research*, 1985, April.

② Neuliep J. W., "A Comparison of Teacher Immediacy in African-American and Euro-American College Classrooms", *Communication Education*, 1995, 44(3): 267～277.

③ 邹泓、屈智勇、叶苑:《中小学生的师生关系与其学校适应》,《心理发展与教育》,2007年第4期。

④ Rodriguez J. I., Plax T. G., & Kearny P., "Clarifying Relationship Between Teacher Immediacy and Student Cognitive Learning: Affective Learning as the Central Mediator", *Communication Education*, 1996, 45(4): 293～305.

第一章，开展理论研究，剖析师生关系的研究意义、内涵与结构等。通过查阅文献，关注国内外教育学、心理学及社会学等多学科相关研究，阐明师生关系的内涵与结构，为深入研究提供理论支撑。

第二章，调查小学师生关系影响力、亲密度与教师亲切性的现状。借鉴人际交往行为模型（MITB）的思路，修订与完善澳大利亚学者费舍尔（Fisher）等改编的教师互动问卷（QTI），依据具体的教师人际交往行为，从亲密度、影响力、合作与对立、主导与从属四个向度，对小学师生关系的现状进行了考察。

第三章，调查教师亲切性对小学师生关系的影响力。修订与完善了教师亲切性量表，从言语和非言语的教师教学行为指标等方面，对教师亲切性作出考察。通过对教师亲切性各因子与师生关系亲密度、影响力的分析，梳理教师亲切性对师生关系的影响和效力。

第四章，对小学师生关系影响力与亲密度现状的解释分析，以及状况改善的提升策略。运用解释现象学分析（Interpretative Phenomenological Analysis，IPA），进行深度访谈，调查师生关系影响力与亲密度的现状。

第五章，改善小学师生关系的人文类课程课例研究。结合小学人文类课程的典型教学课例，研究如何提升小学师生关系的影响力与亲密性。

第六章，改善小学师生关系的科学类课程课例研究。结合小学科学类课程的典型教学课例，研究如何提升小学师生关系的影响力与亲密性。

第七章，改善小学师生关系的艺体类课程课例研究。结合小学艺体类课程的典型教学课例，研究如何提升小学师生关系的影响力与亲密性。

本书是合肥市华山路小学和合肥师范学院合作申报的安徽省教育科学规划项目“小学师生关系现状与教师亲切性研究”(JK19123)的研究成果之一，是安徽省哲学社会科学规划项目“习近平思想指引下教育满意度理论与实证研究”(AKSKY2018D31)的研究成果之一。

在本书的撰写中，第一章至第四章由合肥师范学院汪昌华撰写。第五章至第七章的教学课例由合肥市华山路小学余燕来、方义伦组织、提供；合肥市华山路小学教师余燕来、方义伦、高士芹、翟成成、葛亚伟、王丽、左小伢、徐尚好、李行冬、祝嘉琦、吴娟、唐晓露、王昊等，合肥师范学院2019级教育硕士沈洁、高灵芝，2021届小学教育专业学生孙奇奇、王晶、高曦，合肥师范学院汪昌华负责具体撰写。该书在撰写过程中参考并引用了不少作者的文献，在此一并表示衷心感谢！由于著作者对于小学师生关系影响力与亲密度问题及其典型课例的研究仍不够成熟，水平有限，敬请读者批评指正。

目录

第一章

小学师生关系影响力与亲密度理论研究

第一节　国内外关于小学师生关系影响力与亲密度的研究

师生关系是教育教学中最基本、最核心的关系，也是教育者和研究者持续关注的焦点问题。总体而言，我国对师生关系的研究顺应了时代潮流，体现了以人为本，呈现出百花齐放、百家争鸣的特点；但研究的广度和深度还有所欠缺，并且缺少实证研究。在当前树立良好师德师风的大背景下，学校教育的现实困境、教育改革的推进以及理论深入发展的需要，使得研究者们不得不重新审视、关注和反思师生关系问题。[①]

一、国内外关于小学师生关系的研究

（一）国内关于小学师生关系的研究

国内关于师生关系的专门研究始于20世纪50年代末，主要经历了师生主客体论争时期、师生关系多维视角透视时期，至今已形成一个相对独立的研究领域。1994年金生鈜在《高等师范教育研究》上发表的《相互理解与师

① 陶丽、李子建：《国外师生关系研究进展探析》，《比较教育研究》，2016年第3期。

生关系的新建构》一文,开启了教育学者借鉴西方理论,探讨师生关系本质与内涵、结构与特征、影响因素及建构策略等之门。总体上,呈现研究视域逐步扩大;研究从理论走向实践;研究方法从静态描述转向动态分析;研究重心从描述现象向关系建构转化,并逐渐与具体的文化背景相结合,日益走向深化的趋势。

1.关于师生关系本质与内涵的研究

师生关系的本质与内涵主要有工作关系说、人际关系说、多维结构体说三种学说。工作关系说认为师生关系是基于教育教学活动并为了教育教学活动而结成的关系,本质上是“由教与学的活动联结起来的工作关系”。① 人际关系说认为师生关系在本质上是教师和学生之间的一种人际关系,是在教育教学活动过程中结成的具有教育功能的特殊人际关系。多维结构体说认为师生关系是多重关系的多维结构体,包括工作关系、伦理关系、情感关系、心理关系、文化关系等。

学者从教育学、心理学、伦理学、社会学的视角来阐释、反思师生关系的本质与内涵。良好的师生关系能促进教学活动的顺利开展,而且师生在教学过程中能共同参与知识传承、知识创新,是一种平等、对话、共享的关系。② 学生所学知识的不同往往导致师生关系的差异。客观知识的学习,让学生和教师成为功能化的存在,导致疏离型师生关系的产生;面向整全知识,教师是与学生一样的学习者,这就要求教师作为学生的友伴,共同探索整全知识。③ 从关系管理的角度看,教育是关系的科学,师生关系是教育关系中最核心的关系,是一种教育力量,也是一种教育资源。信任、对话、法治是管理师生关系的基本原则。④ 有研究者认为师生应是民主、平等、合作的关系,有研究者认为师生之间是平等而又不对等的关系。有研究者指出,中小学师生关系影

---

① 陈桂生:《略论师生关系问题》,《教育科学》,1993 年第 3 期。

② 陈平、邹成效:《有效教学视阈中的高校师生关系论析》,《当代教育科学》,2013 年第 3 期。

③ 刘艳侠:《不同知识类型学习中的师生关系——大学师生关系三题》,《高等教育研究》,2014 年第 8 期。

④ 赵振杰:《当代中国大学师生关系管理探析》,《教师教育研究》,2015 年第 5 期。

响学生对学校的态度、学业行为及社会性发展。[①] 从教育场域的角度看，师生关系存在“双重差序”中的限制与拓展，并由此形成知识传授型、知识扩展型、政治控制型以及政治培养型师生关系。[②]

2. 关于师生关系变迁的研究

师生关系随着社会历史的变迁而变迁。有理论研究者从古今之变的角度审视师生关系，认为古代师生关系以道德为纽带，[③]是亲密友爱的，且学生敬畏教师；而现代师生关系以利益为纽带，是平等契约式的，是疏离的、缺乏教育性的。[④] 有学者认为，20 世纪 20 年代前后的中国教师热爱学生，师生关系民主和谐，亲密无间。[⑤] 有研究者发现，中小学师生关系分为亲密型、一般型和冲突型，且随着年级的增长，积极的师生关系减少，消极的师生关系增多。对师生关系现状的实证研究主要集中在师生关系存在问题的研究，发现中国当下师生之间相互尊重和认同感普遍缺乏，师生关系不和谐，表现为疏离、冷漠与功利，甚至对立等方面。[⑥] 不过，国内对师生关系的实证研究缺乏较为统一的研究工具，研究结论的有效性有待进一步检验。[⑦]

3. 关于师生关系影响因素的研究

有学者指出，师生关系是受多种因素影响、由各种状况共同促成的社会历史关系。他们主要从宏观到微观、多层面来探讨师生关系的影响因素。在宏观的社会变迁、儒家文化、时代精神、媒介技术等社会层面，学者认为社会

---

① 邵晓枫：《十年来我国师生关系观述评》，《教育学报》，2007 年第 5 期。

② 胡芳：《“双重差序”中的限制与拓展——一个高校师生关系的分析框架》，《高教探索》，2013 年第 3 期。

③ 程红艳、杨湾：《中国传统师生关系的现代转向：从道德共同体到利益共同体》，《教师教育论坛》，2017 年第 2 期。

④ 李长伟：《师生关系的古今之变》，《教育研究》，2012 年第 8 期。

⑤ 姚叶、黄俊伟：《过去大学的师生关系与现在大学的师生关系》，《大学教育科学》，2010 年第 2 期。

⑥ 陈遇春、张珊骥：《当前高校师生关系的问题及原因探析》，《继续教育研究》，2015 年第 4 期。

⑦ 王等等、袁梨清：《十年来国内高校师生关系研究述评》，《黑龙江高教研究》，2016 年第 2 期。

变迁、儒家文化以及媒介技术等共同对师生关系产生重要影响。[①] 在中观的学校和家庭层面，学校的教育价值导向、教育组织形式、教育制度、课程类型、学习方式等直接制约师生关系的发展；家庭生活方式对师生关系发挥潜在作用。在微观的教师层面，教师的个人品质、教学品质、形象、态度及教学方式等，直接影响师生关系。[②]

4. 关于师生关系建构策略的研究

研究师生关系是为了建立当代新型师生关系。有学者批判“长者为师”“一日为师、终身为父”的中国传统师生关系观，提倡建立民主平等的师生关系。有学者认为，我国师生教学关系研究揭示了关系视野下学生主体的含义及其发展规律，澄清了有关学生主体的模糊或错误认识，强调教师主导的必要性及其基本原则。[③] 20 世纪 70 年代，信息社会初见端倪，伴随各种思潮的涌入，有学者指出以对话、交往、共生为核心特征的新型师生关系，是一种生命与生命的关系[④]、“伙伴”关系、“我—你”关系[⑤]、“我”与“他者”的关系[⑥]、发展性主体际交往关系[⑦]。有学者开始关注继承与发展中国本土的人文教育传统，强调师生教学关系的人文化研究。

(二)国外关于小学师生关系的研究

国外关于师生关系的系统研究一定程度上受 20 世纪 80 年代伍贝斯(Wubbels)等对教师人际交往行为研究的影响。伍贝斯等将利里(Leary)的人际关系诊断模型引入教学中，[⑧]改造成以亲密度和影响力为维度的教师交

---

① 邵晓枫:《百年来时代精神与中国师生关系观的变迁及重建》,《当代教育科学》,2007 年第 22 期。

② 王爱菊:《中国师生关系研究的回顾与反思》,《社会科学战线》,2020 年第 7 期。

③ 彭茜、王本陆:《我国 70 年师生教学关系研究的主题分析》,《课程・教材・教法》,2019 年第 2 期。

④ 燕良轼、马秋丽:《论生命视野中的师生关系》,《教师教育研究》,2006 年第 1 期。

⑤ 罗刚、佘雅斌:《“我和你”师生关系及其建构——信息对称环境下的新型师生关系探究》,《电化教育研究》,2010 年第 8 期。

⑥ 冯建军:《他者性:超越主体间性的师生关系》,《高等教育研究》,2016 年第 8 期。

⑦ 潘洪建:《师生关系:发展性主体际交往关系》,《西北师大学报(社会科学版)》,2000 年第 2 期。

⑧ Leary T. ,“Interpersonal Diagnosis of Personality”, *New York*:*Ronald*,1957.

往行为模型(Model for Interpersonal Teacher Behavior,MITB),并编制出以这一模型为基础的教师互动问卷(Questionnaire on Teacher Interaction,QTI),[①]随后澳大利亚学者费舍尔(Fisher)改编的更为经济的教师互动问卷为研究者广泛使用。[②] 从此,以我们所称的"八角图"(MITB)和教师互动问卷(QTI)为基础,对师生关系影响力与亲密性现状的研究,在荷兰、澳大利亚和美国等二十多个国家迅速开展起来。[③] 但研究多集中在中学领域,少有关于小学的研究。研究发现荷兰教师表现出较多的合作和较少的主导,相反,美国教师表现出较多的主导和一些合作,新加坡教师非常注重合作等。

就研究内容来看,国外主要从心理学、社会学、哲学视角对师生关系的本质和内涵、品质、影响效果、影响因素等展开研究。

1. 对师生关系理论基础的研究

近年来国外师生关系研究的主要理论基础有教师交往行为模型、延展的依赖理论和自我决定理论。早在1985年就形成了较为经典的教师交往行为模型。此后,布雷克尔曼斯(Brekelmans)等运用交流系统方法(the system approach to communication)将师生交流水平分为信息水平(Message level)、互动水平(Interaction level)和模式水平(Pattern level),以及直接(directive)、权威(authoritative)、忍受/权威(tolerant/authoritative)、忍受(tolerant)等八个类型模式。[④] 鲁达(Roorda)等从师生关系的情意层面与学生学习行为之间的关系角度,认为有延展的依赖(extended attachment)、社会—动机观点两大理论取向。延展的依赖观点主要基于母亲—孩童关系的

---

① Maulana R., Opdenakker M. C. J. L., den Brok P., & Bosker R. J., "Teacher-student Interpersonal Relationships in Indonesian Lower Secondary Education: Teacher and Student Perceptions", *Learning Environment Research*, 2012, 15(2): 251～271.

② Henderson D., Fisher D. L., & Fraser B. J., "Interpersonal Behavior, Laboratory Learning Environments, and Student Outcomes in Senior Biology Classes", *Journal of Research in Science Teaching*, 2000, 37: 26～43.

③ Wubbels, den Brok, "Interpersonal Relationships in Education—An Overview of Contemporary Research", *Netherlands: Sense Publishers*, 2012: 3. (Eds.)

④ Brekelmans M., Wubbels T., & den Brok P., "Teacher Experience and the Teacher-student Relationship in the Classroom Environment", *Studies in Educational Learning Environments: An International Perspective* (Singapore: World Scientific, 2002), pp. 73～100.

研究，认为家长与孩子之间的积极关系促进了孩子安全感的形成，正面的师生关系和教师支持因素成为学生学习行为、学生投入的关键。自我系统理论或自我决定理论认为儿童学习和自主需要的动机基于亲近的能力。教师应关心学生，满足其亲近的需要；制定明确的规则和结构，满足其能力的需要；让学生有一定的选择自由，满足其自主的需要。就这三方面来说，教师的参与会对学生的投入产生较重要的影响。①

2. 对师生关系本质和内涵的研究

在教育哲学领域，对师生关系本质和内涵的阐释，是在不同的理论框架下探讨师生关系的前提等。马丁·布伯是研究人类关系基本问题的先驱，他在著作《我与你》中提出"我—你"关系、"我—他"关系的哲学建构理论。"在这种关系中，除了相互之间的认可和爱之外，不掺杂任何目的，丝毫也不存在利用和被利用、控制和被控制的问题。我与你两者都是主体，他们互相同情、互相信任、互相理解"。② 有学者把该理论运用到师生关系的研究中，期望建立一种"我与你""主体和主体间"的师生关系。杰尔德斯玛(Joldersma)从列维纳斯他者哲学的视角对师生关系形成的前提进行了思考。他认为，教学是一组不对称的关系，在这组关系中，每一方都是对方的"他者"。正是"me(宾格的'我')"与"the other(他者)"之间的这种不对称关系使得"教"和"学"成为可能，师生由此建立起一种相互勾连的"我与你"关系。

20 世纪 70 年代，美国心理学家吉利根质疑柯尔伯格的公正伦理理论，主张道德思维，认为女性存在关心取向，提出关怀伦理学。美国教育家诺丁斯对关怀伦理学进行系统的理论研究，并进一步将之应用到教育中，关怀型师生关系研究受到了世界各国教育家的关注。③

贾尔斯(Giles)运用解释现象学方法，指出关系是教育经验的核心，具有

① Roorda D. L., Koomen H. M., Spilt J. L., & Oort F. J., "The Influence of Affective Teacher-student Relationships on Students' School Engagement and Achievement: A Meta-analytic Approach", *Review of Education Research*, 2011, 81(4): 493～529.

② 陆有铨：《躁动的百年——20 世纪的教育历程》，济南：山东教育出版社，1997 年，第 125 页。

③ [美]诺丁斯著，侯晶晶译：《始于家庭：关怀与社会政策》，北京：教育科学出版社，2006 年，第 1～2 页。

超越时空的特征。教师和学生本质上是以一种游戏的方式体验和建构二者关系，能与学生发展和谐关系的教师是具有实践智慧的，他们在一点一滴的生活经验中影响学生，这是一种人道的影响。①

也有学者运用质的研究考察师生关系现状，如研究发现师生之间存在课程边界、情感边界、关系边界等多种类型的边界互动，师生之间的多种边界互动涉及教师迅速的情感参与，但同时也给教师造成伦理和道德上的困扰。②

3. 对师生关系影响因素的研究

师生关系主要受学校结构、教师与学生等因素的影响。

其一，学校结构的影响。皮亚特研究发现，师生关系的学校结构影响因素主要涉及学校哲学、学校结构。其中，学校哲学主要是指师生的合作、对学校的认同感；学校结构主要是指教学小组、小额班级、非学术课程，班级和学校规模太大会限制师生关系的形成。③

其二，教师的影响。教师的影响主要涉及教师的满足感、交流方式、经验、压力与情感的影响。维尔德曼（Veldman）等发现，具有较高工作满足感的教师往往能体验较好的师生关系品质；④贝克（Becker）等发现了通过教师情绪和教学行为来预测学生课堂情绪的情境性因素；⑤有经验的教师在与学生互动时，能较好地把握非言语行为和空间位置。⑥

其三，学生的影响。麦格拉思和伯根的研究显示，女生体验到更积极的

---

① Giles D. L.，"Exploring the Teacher-student Relationship in Teacher Education：A Hermeneutic Phenomenological Inquiry"，*Doctoral Dissertation*，*AUT University*，2008.

② Aultman L. P.，Williams-John-son M. R.，Schutz P. A.，"Boundary Dilemmas in Teacher student Relationships：Struggling with 'the Line'"，*Teaching and Teacher Education*，2009，25（5）：636～646.

③ Ahmad A.，& Sahak R.，"Teacher-student Attachment and Teachers' Attitudes towards Work"，*Journal Pendidik dan Pendidikan*，*Jil*，2009，24：55～72.

④ Veldman I.，van Tartwijk J.，Brekelmans M.，& Wubbels T.，"Job Satisfaction and Teacher-student Relationships across the Teaching Career：Four Case Studies"，*Teaching and Teacher Education*，2013，32：55～65.

⑤ Becker E. S.，Goetz T.，Morger V.，& Ranellucci J.，"The Importance of Teachers' Emotions and Instructional Behavior for Their Students' Emotions-An Experience Sampling Analysis"，*Teaching and Teacher Education*，2014，43：15～26.

⑥ Wubbels T.，& Brekelmans M.，"Two Decades of Research on Teacher-student Relationship in Class"，*International Journal of Educational Research*，2005，43(1)：6～24.

师生关系，更倾向于表现教师喜欢的行为，如喜爱上学、积极参与学校活动、模仿和亲近教师。[①] 鲁达等研究发现，年级越高，积极的师生关系对学生越有积极作用。一方面，中学生通常缺乏与教师的亲密接触，以及来自教师的支持，因而他们对正面的师生关系较为敏感；另一方面，积极的师生关系可能对他们顺利适应中学学习和生活产生积极作用。[②] 麦格拉思和伯根的研究还显示，学生的种族和社会经济地位、学生行为及性格特质、学生的身心障碍和学习困难都会影响师生关系。社会经济地位较低的学生在师生关系中更容易面临风险；有行为问题的学生也更容易使师生关系处于一种消极状态；脾气难以自控的学生在师生互动中更容易表现攻击性行为、困惑和情绪低落，进而带来较多的师生冲突；有身心障碍和学习困难的学生在师生关系中更容易体验到冲突和低水平的亲密关系。然而，有着较强教育信念和自我效能感的教师在与学生互动时能打破这种恶性循环。[③]

二、国内外关于小学师生关系影响力的研究

20 世纪 80 年代，国内外学者对师生关系影响力的研究，主要涉及对影响力的内涵、测评指标、现状、问题与对策的分析。

（一）国内外对小学师生关系影响力内涵的研究

1. 国内对小学师生关系影响力内涵的研究

学者认为，从所指对象上看，教师影响力主要指教师从心理和行为层面对学生进行影响；从使用工具或载体上看，教师影响力是指教师以自身的素质和社会赋予的权力对学生施加影响；从影响过程上看，教师影响力是指在

---

① McGrath K. F. , & Bergen P. V. ,"Who, When, Why and to What End? Students at Risk of Negative Student-teacher Relationships and Their Outcomes", *Educational Research Review*, 2015, 14: 1～17.

② Roorda D. L. , Koomen H. M. , Spilt J. L. , & Oort F. J. ,"The Influence of Affective Teacher-student Relationships on Students' School Engagement and Achievement: A Meta-analytic Approach", *Review of Education Research*, 2011, 81(4): 493～529.

③ McGrath K. F. , & Bergen P. V. ,"Who, When, Why and to What End? Students at Risk of Negative Student-teacher Relationships and Their Outcomes", *Educational Research Review*, 2015, 14: 1～17.

教师与学生的交往基础上形成的影响力；从作用形式上看，教师影响力是指教师对学生产生号召力、控制力和推动力。[①] 从内容上看，师生关系影响力包括权力性影响力和非权力性影响力两个方面，自然性影响力也就是非权力性影响力，是教师对学生影响的关键。

2. 国外对小学师生关系影响力内涵的研究

国外关于师生关系影响力内涵的研究，大多是对教师非权力性影响力构成因素的研究。如：德国社会科学家马克斯·韦伯对权威类型进行了划分，[②]美国学者克利弗顿和罗伯兹·霄则对教师的权威进行了深入探讨，并且认为教师的权威取决于制度性因素和个人因素，其中个人因素主要由教师的个人学识、专长和人格魅力所决定，形成了教师的个人权威。[③]

（二）国内外对教学交往影响力测评指标的研究

对教学交往影响力的测评需要选择有效的工具。伍贝斯等人编制的教师互动问卷在国外得到了广泛的应用。该问卷的理论模型来源于心理学家利里的“交流模型”，其中影响力（Influence）维度包括主导（Dominance）与从属（Submission）两个向度，领导（Leadership）、严格（Strict）、自主（Freedom）及失控（Uncertain）四种行为。对于每一种行为都有若干条陈述作为项目。伍贝斯等人将该问卷应用于学生和教师并进行了大量研究，证明此问卷具有较好的信度和效度，是研究教师教学交往行为行之有效的工具。

（三）国内外对教学交往影响力现状的研究

有研究者对欧洲、美洲和其他地区国家教师的教学交往影响力现状进行了研究，例如，荷兰的影响力维度得分最低，这表明：荷兰教师的主导地位低

---

① 胡朝兵、张大均：《论教师的权威、威信与教育影响力》，《教育理论与实践》，2004 年第 4 期。

② ［德］马克斯·韦伯：《社会和经济组织理论》，台北：自由出版社，1947 年，第 34 页。

③ ［美］克利弗顿、罗伯兹·霄：《教师权威：一种社会学观点》，《现代外国哲学社会科学文摘》，1983 年第 7 期。

于其他国家。[①] 相反，美国教师的影响力更大，这说明美国教师在一定程度上被认为是主导的、合作的。[②] 此外，与荷兰、美国的教师相比，澳大利亚教师在影响力方面与美国教师相似。对亚洲教师的人际交往行为也有研究，文莱教师被认为是占主导地位的教育者。与澳大利亚、新加坡相比，文莱教师的影响力最高，他们的学生也认为文莱教师是合作的。但他们在影响力方面的得分比新加坡和澳大利亚教师要低。[③] 同样，在印度进行的一项研究也表明人际关系对学生学习动机的重要。印度教师在影响力维度上也得到了与美国教师相似的评价，因此，他们的学生认为他们是平等合作的。

（四）国内外对小学师生关系影响力问题与对策的研究

1. 国内外对小学师生关系影响力问题的研究

小学师生关系影响力问题主要表现为专制型教师在观念认知上存在误区。专制的教师观将学校组织赋予教师的权威极端化，完全忽视学生的主观能动性，特别强调学生对教师的绝对服从，于是就容易出现教师影响与学生心理需求相去甚远的情况。教师常常以知识权威自居。在管理上则表现为以教师为中心的专制型管理，其内核是等级主义，结果必然导致学生的被动性和消极态度，造成师生关系紧张，引发教师正式教育的影响与学生对教师期望的相互矛盾。

获取知识渠道的多元化对传统教师权威产生冲击。当社会以是否掌握知识为衡量个人是否拥有文化资本的标准时，教师就因为掌握了这种知识和技能而占据了文化优势。占有绝对的文化优势，教师便具有影响学生的权

---

① Brekelmans M., Wubbels T., & den Brok P., "Teacher Experience and the Teacher-student Relationship in the Classroom Environment, *Studies in educational learning environments: An international perspective* (Singapore: World Scientific, 2002), pp. 73～100.

② Brok P. J., Levy J., Rodriguez R., & Wubbels T., "Perception of Asian-American and Hispanic American Teachers and Their Students on Interpersonal Communication Style", *Teaching and Teacher Education*, 2002, 18: 447～467.

③ Brok P. J., Fisher D., Brekelmans M., Wubbels T., & Rickards T, "Secondary Teachers Interpersonal Behavior in Singapore, Brunei and Australia: A Cross-national Comparison", *Asia-Pacific Journal of Education*, 2006, 26: 79～95.

力。不过，现代信息技术在教育领域的广泛运用，已经给传统教育带来深刻的变革。信息化社会中信息渠道的多元和畅通使得教师的知识权威受到挑战。学生可以利用网络和多种资料获取知识，而有些教师因接受新事物的能力落后于学生，还要向学生学习。学生心目中一元的教师权威转化为多元的权威。这大大降低了教师对学生的影响力。

新课程改革倡导教师与学生建立民主、平等、和谐的师生关系，动摇了教师的绝对权威。教师视学生为“年轻的成人”，教师是学生学习的引导者和促进者。新课程情境下的教师对学生不再是知识权威对无知者，它赋予学生以受教育过程的主动权，学生是教育活动的主体，可以根据自我发展的特点和需求来选择合适的教学内容、学习方式。这种由新课程引发的教育体制的深刻变革正在深深影响着教师权威。教师权威受到了前所未有的挑战，甚至消解。新课程改革强调教师对学生的尊重、理解、赞赏。很多中小学教师在赏识学生的时候，对于惩罚的运用则如履薄冰。怎样维持教师影响力的存在，以实现教育教学目的，成为社会的一个重要问题。

2. 国内外对提升小学师生关系影响力策略的研究

师生互动是增强教师影响力的重要方式。邵明英认为：“师生互动是教学中最基本的人际互动，它对于教学目标的达成以及学生的身心健康发展都起着非常重要的作用。从教育心理学的角度看，教育是师生之间在思想、意志、感情、知识等方面进行复杂的互相影响的过程……教师的知识水平、业务能力、思想道德、心理素质，将直接对所教的学生产生多方面影响。”①

教师的人格魅力影响学生身心发展。黎平辉认为：“教师的人格魅力是基于其出类拔萃的人格构成而升华起来的、通过长期的教育实践而形成和发展的独特的感染力、影响力与号召力之总和。教师人格魅力主要形成于教育教学过程中，具体而言，教师通过对学生学习、生活上的关心，以及为人处世中的公正公平等品格，在学生心中产生对教师的亲近与信赖之情。这种师生间的情感影响，常常胜过强迫意志的说教。在今天，由于种种原因导致不少孩子与父母的长期分离（如留守儿童），对这些长期缺乏父母亲情的孩子来

① 邵明英：《增强师生互动　提升青年教师影响力》，《中国高等教育》，2016 年第 18 期。

说，这种情感显得尤其重要，对他们的身心发展与个体成长产生的影响非常明显。”[①]

三、国内外关于小学师生关系亲密度的研究

（一）国内外对师生关系亲密度内涵的研究

“互联网＋”时代的到来对教学造成了一定的冲击，翻转课堂、微课的推广使得一些人开始质疑课堂教学存在的价值。如果从知识传授的角度看，这种质疑似乎有一定的道理，但是从学生学习的角度看，还存在明显的问题。教师与学生精神的沟通、情感的交流、人格魅力的影响，都建立在教师与学生的交往中。也就是说不管时代如何变化，教学交往作为教学的存在样态难以被取代。与国内研究不同的是，国外研究依托深厚的理论基础主要从教育社会学和教育心理学两个视角开展实证研究。在伍贝斯的教师交往行为模型中，教学交往亲密度被用于衡量在教学交往过程中学生感受到的教师合作程度。

（二）国内外对师生关系亲密度测评指标的研究

罗伯特·西·皮安塔（Robert C. Pianta）编制师生关系量表（Student-Teacher Relationship Scale），使用了亲密、依赖和冲突等维度；[②]王耘等选择了冲突性、亲密性、反应性三个维度；[③]有研究者将师生关系分为依恋型、冷漠型、关怀型和拒绝型，[④]以及亲密型、一般型和冲突型等。[⑤] 在伍贝斯等人

---

① 黎平辉：《“自我”的消退与回归——教师影响力重建与教师教学个性生成》，《当代教育科学》，2014 年第 4 期。

② Pianta R C.，“Patterns of Relationships between Children and Kindergarten Teachers”，*Journal of School Psychology*，1994，32：15～31.

③ 王耘、王晓华、张红川：《3～6 年级小学生师生关系：结构、类型及其发展》，《心理发展与教育》，2001 年第 3 期。

④ 张晓、陈会昌：《儿童早期师生关系的研究概述》，《心理发展与教育》，2006 年第 2 期。

⑤ 邹泓、屈智勇、叶苑：《中小学生的师生关系与其学校适应》，《心理发展与教育》，2007 年第 4 期。

编制的教师互动问卷中，[1]亲密性(Proximity)维度，也叫合作性/敌对性(Cooperation/Opposition)维度，反映了师生交往中的合作程度，包括帮助/友好(Helping/Friendly)、理解(Understanding)、不满(Dissatisfied)、惩戒(Admonishing)四种行为。[2]

(三)国内外对师生关系亲密度现状的研究

国外对教学交往亲密度现状的研究，受到了伍贝斯等人关于教师交往行为研究的影响。荷兰研究者指出，学生认为他们的老师在亲密度方面得分略高，表明荷兰教师合作性较高；美国教师在亲密度方面的得分在0.40和0.60之间，表明美国教师在某种程度上具有合作性；此外，与荷兰、美国同行相比，澳大利亚教师在亲密度方面的得分更高。在亚洲，也有一些关于教师人际关系的研究。研究发现，新加坡教师被认为是非常合作的教育者；中国教师在亲密度方面得分平均值低于新加坡、文莱、澳大利亚的水平，这表明中国教师的合作性低于很多国家。

(四)国内外对小学师生关系亲密度问题及对策的研究

1. 国内外对小学师生关系亲密度问题的研究

从目前查阅的国内外文献来看，对小学师生关系亲密度问题的研究较少，一些学者开始对义务教育阶段的师生关系与教师教学交往展开研究。例如，师生关系主体的模糊性、师生关系载体的既定性、师生关系组织形式的多边缺失等；义务教育阶段师生冲突关系的形成机制、师生关系的危机、师生关系的伦理安全审视等。

2. 国内外对提高小学师生关系亲密度对策的研究

从目前能够查阅到的国内外文献来看，国内外尚未发现对提高小学师生关系亲密度对策的研究，只有对提高、促进义务教育阶段师生关系与教师教学交往对策的研究，例如，重塑师生情感关系、尊重师生关系主体间性、拓展

---

① Wubbels T, et al., "An Interpersonal Perspective on Teacher Behavior in the Classroom", *Paper Presented at the European Conference on Educational Research* (*ECER*) (England: Bath, 1995).

② 辛自强、林崇德、俞国良:《教师互动问卷中文版的初步修订及应用》,《心理科学》,2000年第4期。

师生关系载体等；义务教育阶段师生冲突关系的消解策略、师生关系危机的化解、师生关系的伦理安全建构、构建共同愿景化解师生矛盾等。

课堂学习活动总是与人际交往相伴随的，这些互动是感知学习环境的一个重要因素。教师的教学交往行为被证明与学生成绩有着牢固的关系，这是当代教学研究中新的视角和方向。从我国当前的状况来看，有关师生关系的研究成果比较丰富，这为我们的教学研究确定了价值方向。但是，笔者认为，若能从教学交往中教师影响力的角度来透视教学活动，将会为教学理论的研究开拓新的视角。

四、国内外关于教师亲切性的研究

（一）国外关于教师亲切性的研究

1. 关于教师亲切性内涵的研究

国外对亲切性的关注始于非言语行为研究，梅拉宾（Mehrabian）首次采用亲切性这一术语来表示那些使人与人之间产生亲和力的行为。[①] 安德森（Anderson）将这一概念用于教师沟通行为，指出具有亲切性的教师与学生交流时距离更近，面带微笑、目光交流、运用手势、姿态放松及声音富于变化。[②]同时，梅拉宾和安德森也指出一些言语行为可能会使人与人之间的心理距离更近，不过，他们随后的研究仍聚焦在非言语行为上。[③] 教师言语亲切性表现为使用表示同一性的词语（如我们、我们班）以及传递兴趣、鼓励和支持的话语，询问学生的情况和意见等；非言语亲切性表现为教师轻松、愉快

---

① Anderson J. F., Norton R. W., & Nussbaum J. F., "Three Investigations Exploring Relationships between Perceived Teacher Communication Behaviors and Student Learning", *Communication Education*, 1981, 30 (10): 377～392.

② Anderson J. F., "Teacher Immediacy as a Predictor of Teaching Effectiveness", D. Nimmo (Ed.), *Communication Yearbook* 3(New Brunswick, NJ: Transaction Books, 1979), pp. 543～559.

③ J. C. McCroskey., "A Cross-culture and Multi-behavioral Analysis of the Relationship between Nonverbal Immediacy and Teacher Evaluation", *Communication Education*, 1995, 44(10): 281～291.

的表情和身体姿态，以及目光接触和声音表现力等。[①]

2. 关于教师亲切性结构与测量的研究

纽列普(Neuliep)等编制了教师亲切性(teacher immediacy)量表，[②]并对教师亲切性和学生学习动机、结果的关系进行研究，发现教师亲切性与学生的学习动机、结果存在正相关。[③] 依据雷蒙德(Richmond)编制的教师亲切性量表，麦克劳斯基(McCroskey)等编制了教师非言语亲切性行为量表。该量表因便于与其他量表配合使用并显示出较高的信度，被广泛用于师生互动领域的研究。[④] 国外对教师亲切性的研究主要集中于教师亲切性的含义与测量，及其对有效教学的影响。

3. 关于教师亲切性作用的研究

20 世纪 70 年代末以来的大量研究表明，教师非言语亲切性与学生的情感、认知学习密切相关。教师亲切性与学生的学习结果、学习动机、学生对教师的评价、学生心目中的教师信誉度之间均呈正相关，并与若干结果变量之间存在因果关系。[⑤] 近年来，上述结论的文化效度问题日益受到研究者的关注。

迄今为止，跨文化、跨国别的研究表明，虽然在不同文化中教师亲切性水平有所不同，与结果变量之间的关系强度也有差异，但是教师亲切性与教学结果变量之间的关系模式则具有普遍性。[⑥]

---

① Frymier A. B., & Houser M. L., "The Teacher-student Relationship as an Interpersonal Relationship", *Communication Education*, 2000, 49(3): 207～219.

② Leary T., *Interpersonal Diagnosis of Personality* (New York: Ronald, 1957).

③ Aultman L. P., Williams Johnson M. R., & Schutz P. A., "Boundary Dilemmas in Teacher Student Relationships: Struggling with 'the Line'", *Teaching and Teacher Education*, 2009, 25(5): 636～646.

④ Sidelinger, J. C. McCroskey, "Com-munication Correlates of Teacher Clarity in College Classroom", *Communication Research Reprots*. 1997, 14 (1): 1～10.

⑤ Rodriguez J. I., Plax T. G., & Kearny P., "Clarifying Relationship between Teacher Immediacy and Student Cognitive Learning: Affective Learning as the Central Mediator", *Communication Education*, 1996, 45 (4): 293～305.

⑥ 王维荣:《教师亲切性：有效教学的重要变量——美国关于教师课堂沟通行为的微观研究》,《外国教育研究》,2011 年第 6 期。

(二)国内关于教师亲切性的研究

1. 关于教师亲切性结构与测量的研究

适应跨文化研究的需要，张与奥特泽尔(Zhang& Oetzel) 运用归纳法编制了涵盖言语和非言语行为的中国教师亲切性量表(CTIS)。该量表由教学、关系、个人三个维度十五个题目构成,如敬业、讲课认真、课堂投入、认真回答学生的问题、教学有耐心、理解学生、对学生公平或一视同仁、尊重学生、不伤学生的自尊心、鼓励学生、对学生的问题及时予以反馈、具有良好的品德、为人师表、平易近人、举止大方,从而为中美教师亲切性的跨文化比较研究增加了有效的测量工具。①

2. 关于教师亲切性现状的研究

国内学者对高校师生关系现状与教师非言语亲切性的研究发现,合作的师生关系中少有对立，教师指导下民主的师生关系中少有课堂失控。大多数教师的非言语行为自然热忱、平易近人,部分教师表现淡漠和紧张。而教师的非言语亲切性影响师生关系的走向,教师面带微笑与目光交流最能提升师生关系的亲密度和影响力,教师姿态紧张对其负向影响最大。②

第二节 小学师生关系影响力与亲密度的研究意义

一、小学师生关系的研究意义

"好的师生关系是最大的教育力量"。③ 交往是人类生存和发展的基本方式,人通过交往完成主体间的沟通和人际关系的建构,教师与学生精神的沟通、情感的交流、人格魅力的影响都建立在教师与学生的交往中。有研究

① Zhang Q., Oetzel J. G., Gao X. et al., "Teacher Immediacy Scale: Testing for Validity across Cultures", *Com-munication Education*, 2007, 56(2): 228～248.

② 汪昌华、晋玉、Geng Gretchen:《高校师生关系现状与教师非言语亲切性研究》,《国家教育行政学院学报》, 2017 年第 2 期。

③ 樊未晨:《顾明远:好的师生关系是最大的教育力量》,《中国青年报》, 2011 年 11 月 7 日第 12 版。

者认为，师生关系的状况不仅关系教学价值的实现，而且关系教师和学生生命意义、生活价值的实现。[①]有研究者认为，良好的师生关系是学生学习参与和教师职业幸福感的前提，[②]师生关系的疏离和对立是学生学业失败、教师职业倦怠及学校教育危机的主要原因。[③] 小学教育是学校教育的奠基工程，是国民素质的基础，是实现社会公平的起点。小学师生关系是最基本的人际关系，一切教育活动总是以一定的师生关系为前提。师生关系作为儿童生活中一种重要的人际关系，不仅影响小学生的学习、情绪、自我等发展[④]，而且对小学生的亲子关系、同伴关系都有重要影响。[⑤]

本书通过研究小学师生关系的内涵与结构，聚焦教师亲切性对小学师生关系的影响，以丰富与发展师生关系理论，为改善师生关系提供理论支撑。此外，本书还借鉴人际交往行为模型（MITB）的思想，通过调查力求更加清晰地阐明小学师生关系的现状，以及教师亲切性对师生关系的影响，为指导师生关系建设提供事实依据，给小学教师建构和谐的师生关系以启示。

二、小学师生关系影响力与亲密度的研究意义

（一）小学师生关系影响力的研究意义

第一，有利于了解我国小学师生关系影响力的现状。教师对学生的影响力会一直存在，这种影响甚至能伴随学生一生。因此，了解小学师生关系影

① 张俭民、董泽芳：《从冲突到和谐：高校师生课堂互动关系的重构——基于米德符号互动论的视角》，《现代大学教育》，2014 年第 1 期。

② Brekelmans M., Wubbels T., & den Brok P., "Teacher Experience and the Teacher-student Relationship in the Classroom Environment", *Studies in Educational Learning Environments: An International Perspective* (Singapore: World Scientific, 2002), pp. 73～100.

③ Anderson D. H., Nelson J. A. P., Richardson M., Webb N., & Young E. L., "Using Dialogue Journals to Strengthen the Student-teacher Relationship: A Comparative Case Study", *College Student Journal*, 2011, 45(2): 269～287.

④ Robert C. Pianta, Michael S. Steinberg, &K. B. Rollins, "The First Two Years of School: Teacher-child Relationships and Deflections in Children's Classroom Adjustment", *Development and Psychopathology*, 1995, 7, 295～312.

⑤ Birch S. H and Ladd G. W., "Children's Interpersonal Behaviors and the Teacher-child Relationship", *Developmental Psychology*, 1998, 34.

响力的现状是有必要的。第二,有助于社会和学校发现小学师生关系影响力现状中存在的问题。教师代表社会和学校,具有教育、组织、领导学生的权力,这一权力是社会和学校赋予教师的,所以对义务教育阶段教师教学交往影响力现状进行问题分析是有必要的。第三,有助于探索提升小学师生关系影响力的策略。小学是实现学生全面发展的重要阶段,探索提升小学师生关系影响力的策略是非常有意义的。

(二)小学教师教学交往亲密度的研究意义

"亲其师,信其道",小学生具有向师性。小学生的学习效果与师生关系亲密度关系密切,教师的教学交往对学生的学习、生活有着重要影响。有效的教学交往可以使教师和学生得到全面的理解,促进学生的全面发展,有效提高教学效率。本书通过调查小学师生关系亲密度的现状,并试图提出提升小学教师教学交往亲密度的建议与对策。

研究小学师生关系亲密度的现状,有助于教师认识与反思其教学交往行为,使他们对教学交往亲密度下的教学有一个整体认识,以教学交往亲密度改进其教学行为,进而提高自身的素质与修养。帮助教学一线的教师梳理师生关系,并通过师生之间问题的解决,激发学生的主动性,唤醒学生的自我意识。

第三节 小学师生关系影响力与亲密度的内涵和结构

一、小学师生关系的内涵和结构

教学交往是一种现代教育理念。在课堂教学中,学生主体性的确立、弘扬和凸现,离不开教学交往。教学交往是实现教学任务的背景、条件和手段,交往本身也是教学的内容、对象和目标,是教学活动不可或缺的组成部分。① 师生关系是指在师生交往过程中因师生交互作用形成的基本人际关系。

20 世纪 80 年代，伍贝斯等将利里的人际关系诊断模型引入教学中，改造成教师交往行为模型。这一模型包括师生关系影响力与亲密度两个维度。亲密性维度体现了师生关系从对立到合作两个向度的变化，影响力维度体现了师生关系从主导到从属两个向度的变化。以这两个基本维度为横轴和纵轴，以四个向度为方向，将平面空间划分为八个象限，分别代表八种教师行为类型：领导（Leadership）、理解（Understanding）、帮助/友好（Helping/Friendly）、不满(Dissatisfied)、惩戒(Admonishing)、严格(Strict)、学生自主(Student Freedom)及课堂失控(Uncertain)等 8 种行为，从而形成一个环形的结构模型。每种行为又包括 6 个测量条目，共 48 个条目。

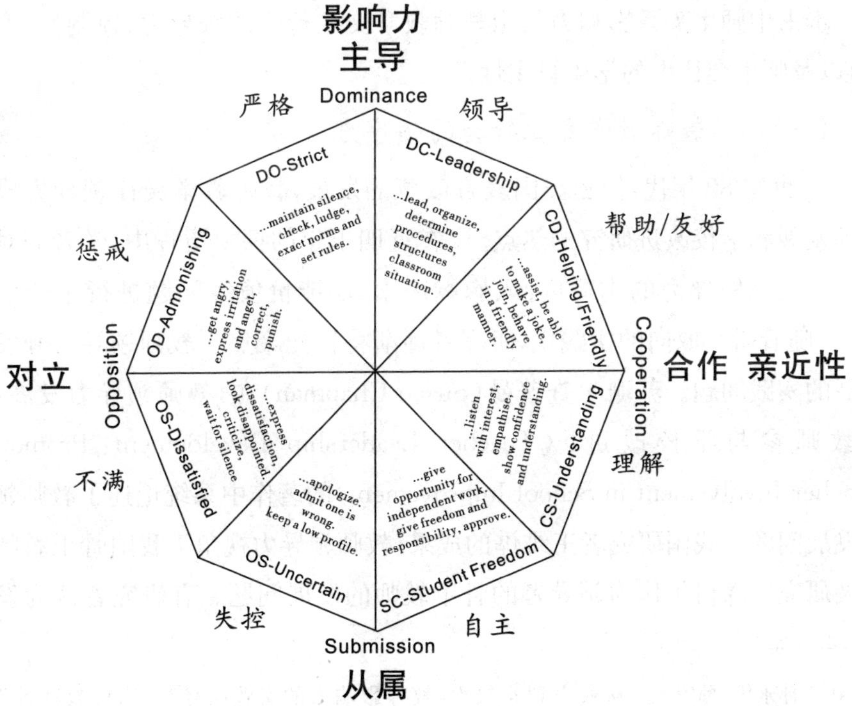

① 杨振升:《试析现代教育理念下的教学交往》,《河南师范大学学报(哲学社会科学版)》,2010 年第 3 期。

二、小学师生关系影响力的内涵和结构

从社会心理学角度分析，影响是影响者通过一定的力量和媒介对被影响者的心理与行为施加作用，使之出现所期望的状态或所期望的改变。影响力通常是指一个人在与他人交往过程中，影响和改变他人思想、心理和行为的能力，使别人最终在行为上表现出类似行为。师生关系影响力是教师调节和改变学生的思想与行为的能力。[①] 师生关系影响力包括权力性影响力与非权力性影响力两部分，权力性影响力是由教师角色决定的，是社会和学校赋予教师的，教师作为社会的代表对学生进行教育。这种权力性影响力具有强制性。非权力性影响力是指教师影响学生心理和行为的能力，取决于教师个体的知识、能力、德行等专业素养。

本书中师生关系影响力是指教师教学交往行为的领导力、控制性、严格性，以及师生交往中的学生自主性。

（一）小学教师教学交往行为的领导力

20 世纪 80 年代，伴随美国教育改革的发展，教师教学交往领导力成为教师发展和学校改进研究的热点。[②] 在近四十年的探索历程中，学者们对教师教学交往领导力的本质内涵、影响因素、功能价值等问题进行了全面探讨。[③] 随着研究取向的实践化，研究者逐渐将目光聚焦于教师领导力开发与发展的实践问题。苏珊·查普曼(Susan Chapman)在《教师领导力发展：促进教师参与学校改进》(Teacher Leadership Development: Promoting Teacher Involvement in School Improvement)的著作中系统论述了教师领导力发展问题。我国研究者王绯烨的成果《教师领导力视角下我国骨干教师的发展研究》，探讨了作为领导者的骨干教师的发展问题。有研究者认为发展

---

① 孙永敏、孙银光：《从权力到非权力：教师影响力的实践路径》，《当代教育科学》，2020 年第 10 期。

② York-Barr J, Duke K. ,“What Do We Know about Teacher Leadership Findings from Two Decades of Scholarship”, *Review of Educational Research*, 2004, 74(3): 255～316.

③ York-Barr J, Duke K. ,“What Do We Know about Teacher Leadership Findings from Two Decades of Scholarship”, *Review of Educational Research*, 2004, 74(3): 255～316.

教师领导力能够有效促进学校的运作和发展、有利于形成教师学习共同体、有利于使卓越的教师个体脱颖而出并获益、有助于学生更好地学习。[①]

国内学者主要是从教师教学领导力发挥的条件、方式以及对学生、教学活动造成影响的角度来界定教师教学领导力的。有学者指出，教师教学领导力是指教师凭借职位所赋予的权力、个人专业能力和独特魅力等优势，引领追随者构建共同的价值观念，以促进教学活动高效开展并落实教学目标的一种影响力。[②] 教学领导者在教育愿景引领下，借助于个体的人格、知识、道德、教育信念、教育素养与教学技艺等，引领追随者自主自动地参与学习活动，以实现追随者与领导者共同发展的愿景。[③] 李冲锋认为教学领导力是教学活动主体对教学活动施加影响，以使教学活动有效运转，进而取得预期目标的一种力量。[④] 冯奕競认为教师领导力表现在教师人格魅力、教师威信、教学激励等方面。[⑤]

国外学者从教师专业化视角来理解教师领导力，有学者认为教师领导力是指教师有针对性地进行知识的传递和积累，以此提高个人能力，并促进自身专业素养发展，以适应教学目标的需要。[⑥] 从学校传统的人事管理视角来认识教师领导力，有学者将教师领导力定义为学校将教师任命为各级行政人员来加强学校管理，并促进学校管理水平和管理效率提高的过程。美国颁布的《教师领导标准》给教师教学领导力所下定义为：一个影响自己的同事、学校管理人员以及其他与学校相关的共同体成员（包括学生、家长、社区成员等）以提升教与学的实践质量，目标指向学生学习过程优化与学习成就提升

---

① 王绯烨、洪成文、萨莉·扎帕达：《美国教师领导力的发展：内涵、价值及其应用前景》，《外国教育研究》，2014 年第 1 期。

② 王均霞：《核心素养背景下教师教学领导力的内涵与提升策略》，《湖南人文科技学院学报》，2018 年第 5 期。

③ 吴晓英：《领导力基因：中小学教师教学效能实现的内在动力》，《内蒙古师范大学学报（教育科学版）》，2019 年第 3 期。

④ 李冲锋：《教师教学领导力的开发》，《当代教育科学》，2009 年第 24 期。

⑤ 冯奕競：《教学领导力探析》，《教育研究与实验》，2013 年第 5 期。

⑥ Camille Rutherford, "Teacher Leadership and Organizational Structure", *Journal of Educational Change*, 2006, 7(1～2): 59～76.

的过程。综上所述,国外关于教师教学领导力内涵的研究主要是从对学校、学生及教师自身三个教育主体所产生的影响来界定的。

本书中师生关系领导力是指教师凭借其优秀的综合素质与精湛的教学技能,有序管理课堂,有效调控教学环节。本书借鉴伍贝斯等人关于教师教学交往行为领导力的六个条目,将教师交往行为的领导力概括为教师上课自信、善于引导、讲解清晰、洞察力强、抓住学生注意力、上课有激情等六个方面。

(二)小学教师教学交往行为的失控性

有学者认为课堂教学失控是指伴随师生、生生的活动,在教师主观因素的影响下,[①]教师无法有效应对课堂上学生的各种行为,使教学机制不能正常运行,导致课堂教学没能达到预期的目标。[②] 关于教学失控的表现,研究者主要围绕与教师自身有关的因素进行了阐述。如有学者认为教学失控表现为教师备课不详细、教师反应能力不足、课堂无法安静、教师讲错、板书失误、忘记教学内容、操作失误、教师掌握的知识陈旧落后、教学重难点把握不准、教学方法不当、课堂所提问题过难或过易,问题无的放矢、盲目空泛等方面。

本书借鉴伍贝斯等人关于教师教学交往行为失控性的六个条目,将教师交往行为的失控性概括为教师教学交往行为的出错率、连贯性、逻辑混乱性、管不住学生、不知所措、纪律乱等六个方面。

(三)小学教师教学交往行为的严格性

"师道尊严"一词最早出现于《礼记·学记》"凡学之道,严师为难。师严然后道尊,道尊然后民知敬学"。教师权威的合法性、教师尊严的不可侵犯性是建立在学生的情境体验、真实情感和价值认同上的。

关于教师教学交往行为的严格性,张兴亚认为,教学严格表现在督促检查的频次、生活习惯、学习作风等方面。本书借鉴伍贝斯等人关于教师教学交往行为严格性的六个条目,将教师交往行为的严格性归纳为上课严格、课堂安静、敬畏老师、课业严格、要求高、考试难等六个方面。

---

① 尤靖希:《课堂教学失控现象及其矫正对策》,《教育学术月刊》,2012 年 12 月。

② 李飞:《对"教学失控"的教育学思考》,《当代教育科学》,2014 年第 2 期。

（四）小学教师教学交往行为的学生自主性

关于师生间的主客体关系，主要有以下几种观点：一是认为教师是第一主体，学生是认识论上的主体，但又是教师施加影响的对象；[①]二是认为学生主体论，学生具有主观能动性，一切教育影响都要通过学生自身的活动才能被接受，教师应激发学生的主观能动性；[②③]三是教师主体论，认为学生是教学的对象，是教育的客体，教学实践被看作教师主体和学生客体之间的双向对象化过程，也就是客体主体化和主体客体化的辩证统一过程；[④]四是"双主体论"，认为教学过程中师生同为主体，合作并存。[⑤]

自改革开放至20世纪末，一些学者以马克思、列宁主义哲学为指导，运用理论思辨的方法，多角度研讨教师和学生之间的主客体关系，取得了重要的研究成果。在教育教学中，如何真正激发师生双方的主体作用，促进师生积极主动地参与教育教学，应该是该领域持续关注的重要论题。

本书借鉴伍贝斯等人关于教师教学交往行为学生自主性的六个条目，将教师交往行为的学生自主性概括为学生自行决定、尊重学生、学生自由支配时间、学生影响教师、学生做无关的事、学生表现等六个方面。

三、小学师生关系亲密度的内涵和结构

亲密度是在人际关系中的双方根据交往的直接经验而产生的自发性情感，决定了个体对他人利益关心和努力的程度。[⑥] 本书中师生关系亲密性

---

① 于光远：《关于教育科学体系问题——在全国教育科学规划会议上的讲话》，《教育研究》，1979年第3期。

② 顾明远：《学生既是教育的客体，又是教育的主体》，《教育学文摘》，1981年第11期。

③ 顾明远：《再论教师的主导作用和学生的主体作用的辩证关系》，《华东师范大学学报（教育科学版）》，1991年第2期。

④ 邓士喆：《对于教学主体的思考——兼评〈论教学过程中教与学的矛盾运动〉》，《教育理论与实践》，1987年第3期；马健生、王琦：《论教学实践观——兼评"主导主体说"》，《教育科学》，1995年第3期。

⑤ 冯向东：《论教师在教学中的主体地位》，《高等教育研究》，1987年第1期；庞学光：《对"教为主导　学为主体"论的哲学思考》，《高等教育研究》，1988年第4期。

⑥ 刘利敏、刘清法、扶长青：《课堂教学交往常见的问题及其对策探析》，《牡丹江教育学院学报》，2009年第1期。

(proximity)维度表现为教师人际交往行为。

(一)小学教师教学交往行为的帮助/友好性

小学教师教学交往行为的帮助/友好性是指小学教师在教学交往过程中,给予学生帮助或对他们表现出友好的相关行为。本书借鉴伍贝斯等人关于教师教学交往行为帮助/友好性的六个条目,将教师教学交往行为的帮助/友好性概括为帮助学生、友好性、信任度、幽默感、开玩笑、愉悦性等六个方面。

(二)小学教师教学交往行为的理解性

英国学者伊格尔顿认为,后现代“源自西方向着 一种新形式资本主义的历史性转变——向着技术应用、消费主义和文化产业的短暂的、无中心化的世界的转变。在这样一个世界上,服务、金融和信息产业压倒了传统制造业……它以一种无深度的、无中心的、无根据的、自我反思的、游戏的、模拟的、折中主义的、多元主义的艺术反映这个时代性变化的某些方面”。[①] 后现代工业技术社会正在衍生一种可怕的虚无主义,它使人处于持续的消费、娱乐、竞争、空虚、孤独、自闭、平庸、冷漠的紧张状态中。海德格尔指出,“虚无主义之所以被称为‘最可怕的’,是因为它作为无条件的求意志的意志,意味着无家可归状态本身。因此一故,把虚无主义拒之门外是无济于事的,因为它早已无处不在,无形地在家中徘徊了”。[②]“无家可归”是现代人存在的“天命”。教育人首先必须理解人,只有理解人,才能教育人。理解是指站在学生的立场,设身处地地去洞察他们的欲求、喜爱、志趣、性情、品格等特质,体验他们日常的学习交往生活。

小学教师教学交往行为的理解性是指小学教师在教学交往过程中,对学生表现出理解等相关行为。本书借鉴伍贝斯等人关于教师教学交往行为理解性的六个条目,将教师教学交往行为的理解性归纳为教师信任学生、包容性、倾听学生、耐心、觉察性、理解性等六个方面。

---

① [英]伊格尔顿著,华明译:《后现代主义的幻象》,北京:商务印书馆,2014年,第1页。

② [德]海德格尔著,孙周兴译:《路标》,北京:商务印书馆,2000年,第460页。

(三)小学教师教学交往行为的惩戒性

教师惩戒早已有之,中国侧重于"惩",即重在惩罚等,西方则侧重于"戒",即重在提醒、警示、引以为戒等。

在中国古代的周朝,对学生的"迟到""怠慢"等不遵守教令的行为,教师通过责打,激起学生的羞辱、警诫之心,以起到警示作用。相对于打手心、掴脸等,"笞尻",即打屁股是十分常见的方式。塾师对弟子要求非常严格,有时学生犯规会让他们罚跪。如明清私塾中有"入塾生徒,倘有违逆父母、兄弟相争及出口骂詈、与人殴斗者,必从重扑责罚跪,以儆将来"之规定。新中国成立后,人们意识到体罚不利于学生的身心发展。

美国中小学教师的惩戒形式主要包括搜查、没收、训诫、剥夺权利、学业制裁、留校、停课、在家教育、转学和体罚等。[①]如发生校园暴力、骚乱等紧急情况,可使用警棍、手铐、警车等加以惩戒。此外,在美国,体罚要履行提前告知、告知缘由并听取学生申辩、记录体罚事宜等合法性程序,禁止教师单独体罚学生。英国颁布的《2006 年教育和督学法》,正式赋予教师惩戒权,包括没收学生手机和音乐播放器等物品,以及惩戒、课后留校等。

本书借鉴伍贝斯等人关于教师教学交往行为惩戒性的六个条目,将教师教学交往行为的惩戒性总结为教师发火、爱生气、急躁、没耐心、责罚、嘲讽挖苦等六个方面。

(四)小学教师教学交往行为的不满性

小学教师教学交往行为的不满性是指小学教师在教学交往过程中,对学生表现出不满的情绪及相关行为。本书借鉴伍贝斯等人关于教师教学交往行为不满性的六个条目,将教师教学交往行为的不满性概述为学生作弊、学生不懂、学生做不好、学生做无关的事、批评学生、不信任等六个方面。

---

① 周洪宇、方晶:《美国中小学教师惩戒权的界定与启示》,《新疆师范大学学报(哲学社会科学版)》,2019 年第 6 期。

第四节 研究方法

一、文献研究法

全面回顾了国内外近三十年对小学师生关系的研究文献，重点梳理了利里的人际关系诊断模型、伍贝斯等对教师人际交往行为的研究、世界各国关于师生关系及其影响力与亲密度的现状调查和解释分析、国外关于教师亲切性的相关研究、国内外关于课堂教学中师生关系提升策略的行动研究。

二、问卷调查法

(一)调查工具

1. 教师互动问卷

本书借鉴伍贝斯等教师交往行为模型的思想，修订与完善了费舍尔等编制的教师互动问卷。[①] 伍贝斯等的教师交往行为模型依据具体的教师教学交往行为，从亲近性和影响力两个维度，合作与对立、主导与从属四个向度，领导、理解、帮助/友好、不满、惩戒、严格、学生自主及课堂失控等 8 种行为，对教师交往行为进行阐述。费舍尔的教师互动问卷中，每种教师交往行为包括 6 个具体行为表现，共 48 个条目。采用 5 点记分，从 1“从不”到 5“总是”。

本书中文版问卷的形成，借鉴辛自强等翻译的该问卷中文版，[②]结合中国小学生情况对问卷进行修改和完善，采用回译策略。首先由心理学专家和英语专业人员翻译，然后由澳大利亚大学华人教授、教育学博士 Geng Gretchen 进行回译，最后对翻译不一致的内容由研究者组织讨论后商讨出一致意见，并根据中国学生情况加以修订与完善。

---

① Darrell Fisher，Tony Rickards，“Associations between Teacher-Student Interpersonal Behavior and Student Attitude to Mathematics”，*Mathematics Education Research Journal*，1998，10(1)：3～15.

② 辛自强、林崇德、俞国良：《教师互动问卷中文版的初步修订及应用》，《心理科学》，2000 年第 4 期。

在安徽省合肥市×小学2～6年级各抽取一个班试测的基础上形成正式问卷，根据探索性因素分析发现，删除负荷值过低的项目，对该问卷进行验证性因素分析，拟合指标为：$\chi^2/df=3.01$，RMSEA＝0.05，NFI＝0.90，CFI＝0.91，GFI＝0.90。这些表明模型与数据拟合得很好，问卷具有较好的结构效度。

2. 教师亲切性量表

对安德森(Anderson)和格尔海姆(Gorham)等编制的言语与非言语亲切性量表进行修订与完善。同样采用回译策略，并根据中国学生情况作出修订与完善，在试测的基础上形成正式问卷。本问卷包括教师言语鼓励与批评，以及非言语的爱抚触摸、表情丰富、身体靠近等5个项目。对该问卷进行验证性因素分析，拟合：$\chi^2/df=3.05$，RMSEA＝0.05，NFI＝0.92，CFI＝0.93，GFI＝0.91。这些表明模型与数据拟合得很好，问卷具有较好的结构效度。

(二)问卷调查对象

采取整班随机抽样的方法，从安徽省北部的阜阳市、淮北市，南部的芜湖市，中部的合肥市及其所辖县，抽取16所小学2～6年级3435名学生进行问卷调查，获取3033份有效问卷，问卷有效率为88.30%。样本分布如下：

1. 调查对象性别分布

调查对象性别分布：男性1539人，占50.7%；女性1494人，占49.3%。

2. 调查对象年级分布

在调查对象年级分布中，小学二年级为89人，占2.9%；三年级为768人，占25.3%；四年级为802人，占26.5%；五年级为723人，占23.8%；六年级为651人，占21.5%。

3. 调查对象班级组织地位分布

在调查对象班级组织地位分布中，班干部为873人，占28.8%；组长为419人，占13.8%；组员为1741人，占57.4%。

4. 调查对象教师任教学科分布

对某一学科教师的师生关系进行调查。其中，其学科分布情况如下：

语文学科为1682人，占55.5%；数学学科为670人，占22.1%；英语学科为 311 人，占 10.3%；科学学科为 173 人，占5.7%；道德与法制学科为 129 人，占 4.3%，艺术学科为 41 人，占 1.4%；体育学科为 27 人，占 0.9%。

5. 调查对象家庭结构分布

在调查对象家庭结构分布中，单亲家庭子女为 240 人，占 7.9%；非单亲家庭子女为 2793 人，占 92.1%。

6. 调查对象城乡分布

调查对象城乡分布：城市 1939 人，占 63.9%；乡村 1094 人，占 36.1%。

（三）程序及数据处理

2019 年 10 月 15 日至 31 日，研究者以班级为单位对三年级到六年级进行集体施测，以小组为单位对二年级进行集体施测。所得数据采用 SPSS17.0 统计处理，进行描述性分析、单因素方差分析、相关及回归分析等。

三、解释现象学分析

采用解释现象学分析，[①]运用目的性访谈，2019 年 10 月 15 日至 31 日，从安徽省北部的阜阳市、淮北市，南部的芜湖市，中部的合肥市各选择 1 所小学，抽取 6 位家长、12 位学生、8 位教师，分别进行家长集体访谈、教师集体访谈及学生集体访谈，访谈时间为 40～60 分钟。

这些访谈者是研究密切关注的对象，他们能为研究中遇到的问题提供相关经验。访谈者阐述了师生关系的现状，分享了教师亲切性的经验和观点，以及对师生关系中教师具体行为表现的个人理解、出现原因及改进策略。特别关注师生关系中教师的不满性、严格性和学生自主性等维度存在的问题，教师则重点从学科的视角加以陈述。聚焦参与者群体共同认同的观点，以检验个别参与者的观点。通过对调查问题的描述和解释来提供一种认识的视角，从原始材料中推断出结论。

---

① Pietkiewicz I., & Smith J. A., "A Practical Guide to Using Interpretative Phenomenological Analysis in Qualitative Research Psychology", *Czasopismo Psychologiczne*, 2012, 18 (2): 361～369.

四、行动研究法

2020年2月至6月，针对小学师生关系现状与存在的问题，深入合肥市华山路小学，对人文类、科学类、艺体类三类课程的课堂教学进行研究，探讨课堂教学改革，以提升小学师生关系的影响力和亲密度。

第二章

小学师生关系影响力与亲密度现状

第一节　小学师生关系影响力与亲密度的总体状况

依据具体的教师教学交往行为，从亲近性和影响力两个维度调查了解小学师生关系影响力与亲密度的总体状况。

一、小学师生关系影响力与亲密度的总体状况

（一）小学教师可敬可亲，师生关系的影响力和亲密度积极

中国小学师生关系的影响力得分为 0.57，亲密度得分为 0.98。师生关系影响力和亲密度的得分在 0～0.5 之间表示中等积极，得分在 0.5～1 之间表示积极，得分在 1 以上表示非常积极。这一结果表明中国小学师生关系影响力和亲密度积极，中国小学教师可敬可亲。

师生关系的亲密度和影响力维度得分计算如下：将亲密度和影响力维度各项目的五级计分制转换成百分制的分数。

影响力＝0.92＊领导力—0.92＊失控＋0.92＊严格性—0.92＊学生自主＋0.38＊帮助/友好＋0.38＊惩戒—0.38＊理解—0.38＊不满

亲近性＝0.92＊帮助/友好—0.92＊不满＋0.92＊理解—0.92＊惩戒＋0.38＊领导力—0.38＊失控＋0.38＊学生自主—0.38＊严格性

亲密度和影响力维度得分在－3和＋3之间，这个值表示主导对从属和合作对对立的得分，得分为0，表示主导对从属和合作对对立的得分是相同的，得分在0～0.5之间表示中等积极，得分在0.5～1之间表示积极，得分在1以上表示非常积极。①

(二)中国小学师生关系影响力和亲密度处于较高水平

如图2-1所示，中国小学师生关系的影响力得分为0.57，与文莱、新加坡、澳大利亚、土耳其、印度尼西亚、印度、荷兰、美国的调查数据相比较，低于文莱，与新加坡、澳大利亚、美国相当，高于印度、印度尼西亚、土耳其、荷兰，处于世界较高水平。

中国小学师生关系的亲密度得分为0.98，与文莱、新加坡、澳大利亚、土耳其、印度尼西亚、印度、荷兰、美国的调查数据相比较，低于新加坡、澳大利亚，高于文莱、土耳其、印度尼西亚、印度、荷兰、美国，处于世界较高水平。

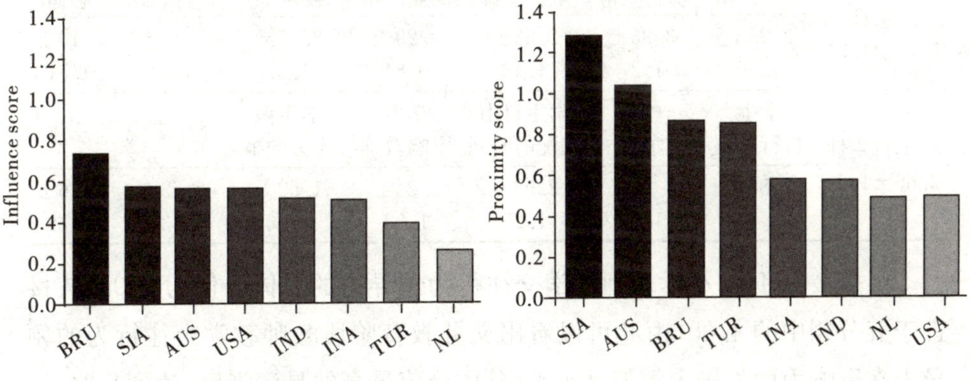

注：BRU：文莱　SIA：新加坡　AUS：澳大利亚　TRU：土耳其　INA：印度尼西亚
IND：印度　NL：荷兰　USA：美国

图2-1　文莱、新加坡、澳大利亚、土耳其、印度尼西亚、印度、美国的师生关系影响力与亲密度比较

① Michael Wei, Perry den Brok, Yalun Zhou, "Teacher Interpersonal Behavior and Student Achievement in English as a Foreign Language classrooms in China", *Learning Environ Res*, 2009, 12: 157～174.

二、小学师生关系影响力的具体表现

依据具体的教师教学交往行为，从主导与从属两个向度，领导力、严格性、学生自主及课堂失控等四种行为，调查了解小学师生关系影响力的具体表现。

（一）教师教学交往行为的领导力较强

从教师教学交往行为的激情性、自信性、引导性、清晰度、洞察力、控制性六个指标对教师交往行为的领导力进行考察。结果表明，教师教学交往行为的领导力较强。其中，教师上课的自信性、引导性、清晰度、洞察力及控制性较强，教师激情相对不够。

表 2-1 小学师生关系影响力各指标状况(n=3033)

领导力 3.94±1.13	激情性	清晰度	控制性	洞察力	引导性	自信性	总体
	3.46± 1.36	4.34± 1.07	3.92± 1.18	3.86± 1.33	4.28± 1.13	3.95± 1.32	3.94± 0.80
失控性 1.73±1.24	出错率	不连贯	逻辑混乱	管不住学生	不知所措	纪律乱	总体
	1.82± 1.01	1.65± 1.13	1.84± 1.03	1.84± 1.23	1.65± 1.17	1.53± 1.04	1.73± 0.77
严格性 3.10±1.24	上课严格	保持安静	敬畏老师	课业严格	要求高	考试难	总体
	3.25± 1.40	3.95± 1.27	2.86± 1.43	3.29± 0.81	2.77± 1.37	2.47± 1.24	3.10± 1.51
学生自主性 2.66±1.31	学生 自行决定	尊重 学生	学生自由 支配的时间	学生 影响教师	学生做 无关的事	学生表现	总体
	2.88± 1.46	4.16± 1.21	2.52± 1.25	2.21± 1.32	1.52± 1.06	3.73± 1.33	2.66± 0.79

由表 2-1 可见，小学教师教学交往行为领导力的总体分值为 3.94，较接近于五分制中的 4.00，由此可以看出义务教育阶段教师教学交往行为的领导力在影响力中处于中等偏高水平，其中分值最高的是清晰度，达到4.34，接近五分制中的 4.00，这说明教师讲解的清晰度对义务教育阶段教学交往行为领导力的影响力最大，由此可知教师在这方面的工作做得很好，同时尚需继续提升；相对于其他分值来说，教师激情方面的分值较低，为 3.46，说明学生认为教师上课不够有激情，教师应该在这方面多加注意并改正。

（二）教师教学交往行为的失控性较低，部分教师课堂失控

从教师教学交往行为的出错率、连贯性、逻辑混乱性、管不住学生、不知

所措、纪律乱等六个指标对教师交往行为的失控性进行考察。由表 2-1 可见，小学教师教学交往行为失控性的总体分值为 1.70，在五级评分中趋于 2.00，且失控性中各指标的分值都较低。这一结果表明，教师教学交往行为的失控性较低，部分教师课堂失控。其中，教师上课的不连贯性、出错率、逻辑混乱以及学生不遵守纪律等方面分值均较低。

（三）教师教学交往行为的严格性一般

从教师教学交往行为的上课严格、课堂安静、敬畏老师、作业批改、要求高、考试难等六个指标对教师交往行为的严格性进行考察。结果表明，小学教师教学交往行为的严格性一般。其中，上课时课堂能保持安静，但教师对作业批改一般，教学要求不够高，学生不够敬畏教师，考试难度较低。

由表 2-1 可见，小学教师教学交往行为严格性的总体分值为 3.10，较接近于五级评分中的 3.00，由此可知教师教学交往行为的严格性一般，其中分值最高的是保持课堂安静，达到 3.95，接近于五级评分中的 4.00，由此可以看出教师对保持课堂安静要求较高。作业批改严格性的分值为 3.29，最接近于五级评分中的 3.00，说明作业批改严格性一般。教学要求和敬畏教师的分值为 2.77、2.86，低于五级评分中的 3.00，说明教师的教学要求不够高，学生不够敬畏教师。考试难的分值较低，为 2.47，接近于五级评分中的 2.00，说明考试难度较低。

（四）教师教学交往行为的学生自主性不够

从教师教学交往行为的学生自行决定、尊重学生、学生自由支配的时间、学生影响教师、学生做无关的事、学生表现等六个指标对教师交往行为的学生自主性进行考察。结果表明，教师教学交往行为的学生自主性不够。其中，在教学交往中，教师较为尊重学生，给学生较多的表现机会，但是课堂上学生自行决定不够，学生自由支配的时间不多，学生较少能影响教师，较少能做无关的事。

由表 2-1 可见，小学教师教学交往行为学生自主性的总体分值为 2.66，低于五级评分中的 3.00，说明教师教学交往行为的学生自主性不够。其中，教师尊重学生的分值为 4.16，学生表现的分值为 3.73，均接近于五级评分中的4.00,说明在教学交往中教师较为尊重学生,给学生较多表现的机会。而学生自行决定和学生自由支配的时间得分为2.88和2.52,低于五级评分中的3.00,说明教师教学交往行为的学生自行决定不够,学生自由支配的时间不多。在学生影响教师和做无关的事上得分为2.21、1.52,接近于五级评分中的2.00,说明学生较少能影响教师,较少能做无关的事。

三、小学师生关系亲密度的具体表现

依据具体的教师教学交往行为,从合作与对立两个向度,理解性、帮助/友好性、不满性、惩戒性等四种行为,调查了解小学师生关系亲密度的具体表现。

(一)教师在教学交往中较能帮助学生,与学生友好相处

从教师教学交往行为的帮助学生、友好性、信任度、幽默感、开玩笑、愉悦性等六个条目对教师教学交往行为的帮助/友好性进行考察。结果表明,小学教师较乐于帮助学生,对学生较为友好。其中,在教学交往中,教师大多能信任学生,帮助学生,对学生较为友好,师生交往愉悦,但教师的幽默感一般,不大开玩笑。

表2-2 小学师生关系亲密度各指标状况(n=3033)

帮助/友好性	帮助学生	友好性	信任度	幽默感	会开玩笑	愉悦性	总体
	4.21±1.23	3.92±1.29	4.24±1.23	3.13±1.48	2.77±1.33	3.61±1.42	3.73±0.90
理解性	信任学生	包容性	耐心	倾听学生	觉察性	理解性	总体
	4.00±1.14	3.46±1.43	3.92±1.28	3.97±1.31	3.80±1.30	4.15±1.25	3.88±0.83
惩戒性	发火	爱生气	急躁	没耐心	责罚	嘲讽挖苦	总体
	1.77±1.18	2.14±1.23	1.72±1.11	1.69±1.23	2.04±1.25	1.80±1.29	1.87±0.78
不满性	学生作弊	学生不懂	批评学生	学生做不好	学生做无关的事	不信任	总体
	2.06±1.22	1.83±1.23	2.58±1.29	1.96±1.23	3.61±1.39	1.86±1.23	2.22±0.81

由表2-2可知,教师教学交往行为的帮助/友好性总体得分为3.73,接近于五级评分中的4.00,这一结果表明,教师在教学交往中能帮助学生,对学

生较为友好。教师教学交往行为帮助/友好性下属的帮助学生、友好性、信任度、愉悦性四个条目的得分为 4.21、3.92、4.24、3.61，均接近于五级评分中的4.00，这一结果表明，在教学交往中，教师大多能信任学生，帮助学生，对学生较为友好，师生交往愉悦。教师教学交往行为的幽默感得分为3.13，这一结果表明教师的幽默感一般。在会开玩笑上得分为 2.77，这一结果表明教师在教学交往中不大会开玩笑。

（二）教师在教学交往中大多理解学生

从教师教学交往行为的信任学生、包容性、耐心、倾听学生、觉察性、理解性等六个条目对教师教学交往行为的理解性进行考察。结果表明，小学教师大多表现出理解学生。

由表 2-2 可知，教师教学交往行为的理解性总体得分为 3.88，接近于五级评分中的 4.00。这一结果表明，教师大多表现出理解学生。在教师教学交往行为理解性下属的信任学生、耐心、倾听学生、觉察性、理解性等五个条目的得分为4.00、3.92、3.97、3.80、4.15，均接近于五级评分中的 4.00。这一结果表明，在教学交往中，教师大多能倾听学生的心声，较为信任学生，对学生较有耐心，且能理解学生。教师教学交往行为的包容性上得分为 3.46，接近于五级评分中的 3.00。这一结果表明，教师也能接受不同的意见。

（三）教师在教学交往中较少惩戒学生

从教师教学交往行为的发火、爱生气、急躁、没耐心、责罚、嘲讽挖苦等六个条目对教师教学交往行为的惩戒性进行考察。结果表明，小学教师在教学交往中较少惩戒学生。

由表 2-2 可见，教师教学交往行为的惩戒性总体得分为 1.87，接近于五级评分中的 2.00。这一结果表明，教师在教学交往行为中较少惩戒学生。教师教学交往行为惩戒性下属的发火、爱生气、急躁、没耐心、责罚、嘲讽挖苦等六个条目的得分为 1.77、2.14、1.72、1.69、2.04、1.80，均接近于五级评分中的2.00。这一结果表明，在教学交往中，教师较少对学生发火、生气、急躁、没耐心，较少责罚和嘲讽挖苦学生。

（四）教师在教学交往中较少对学生不满

从教师教学交往行为的学生作弊、学生不懂、学生做不好、学生做无关的事、批评学生、不信任六个条目对教师教学交往行为的不满性进行考察。结果表明，在教学交往中，教师较少对学生不满，具体表现为教师较少认为学生会作弊、不懂、做不好，并且较少不信任学生，也会批评学生，对学生在课堂上做无关的事较为不满。

由表 2-2 可见，教师教学交往行为的不满性总体得分为 2.22，接近于五级评分中的 2.00。这一结果表明，教师较少对学生不满。教师教学交往行为不满性下属的学生作弊、学生不懂、学生做不好、教师不信任等四个条目的得分为2.06、1.83、1.96、1.86，均接近于五级评分中的 2.00。这一结果表明，教师较少认为学生会作弊、不懂、做不好，并且较少不信任学生。批评学生的得分为 2.58，接近于五级评分中的 3.00。这一结果表明，小学教师一般也会当众批评学生。在学生做无关的事上得分为 3.61，接近于五级评分中的 4.00。这一结果表明，在教学交往中，教师对学生做无关的事较为不满。

第二节 小学师生关系影响力与亲密度的群体特征

一、小学师生关系影响力的群体特征

对小学师生关系影响力及其下属各指标，作性别、年级、城乡、家庭结构及教师任教学科等方面的差异分析，以了解小学师生关系影响力的群体特征。

（一）小学师生关系影响力的性别差异

1. 小学师生关系影响力的性别差异总体上不显著

对小学师生关系影响力作性别差异分析，由表 2-3 可见，在小学师生关系影响力上性别差异不显著（P＞0.05）。

2. 教师对女生较多领导，较少失控

对小学师生关系影响力下属指标的领导力、失控性作性别差异分析。由表 2-3 可见，在领导力上，性别差异显著（P＜0.01）。在教师教学交往中领导力得分分别为 3.93、4.00，这一结果表明，教师对女生较多领导。在失控性上，性别差异显著（P＜0.001）。在教师与男孩、女孩教学交往中失控性得分分别为 1.78、1.68。这一结果表明，教师对女生较少失控。

3. 在教师教学交往行为的严格性与学生自主性上性别差异不显著

对教师教学交往行为的学生自主性、严格性作性别差异分析。由表 2-3可知，在教师教学交往行为的学生自主性和严格性上，性别差异不显著(P＞0.05)。

表 2-3　小学师生关系影响力的性别差异(M±SD)

维度	总体	男	女	F
领导力	3.96±0.82	3.93±0.84	4.00±0.80	7.56**
失控性	1.73±0.78	1.78±0.84	1.68±0.72	11.77***
学生自主性	2.66±0.88	2.65±0.88	2.68±0.87	2.78
严格性	3.10±0.84	3.12±0.87	3.07±0.81	3.15
影响力	0.59±0.38	0.58±0.39	0.57±0.39	2.04

说明：* p＜0.05；** p＜0.01；*** p＜0.001

(二)小学师生关系影响力的年级差异

对小学师生关系影响力及其下属各指标作年级差异分析，以了解不同年级小学师生关系影响力的群体特征。

1. 在师生关系影响力上，六年级显著高于三、四、五年级

对小学师生关系影响力作年级差异分析，由表 2-4 可见，在小学师生关系影响力上，年级差异极其显著(P＜0.001)。师生关系影响力在六年级得分为 0.66，在三、四、五年级分别为 0.54、0.56、0.52。经过进一步多重比较发现，在师生关系影响力上，六年级显著高于三、四、五年级。

2. 教师对二年级和六年级学生领导力较强，六年级失控性低于三、四、五年级

对小学师生关系影响力下属指标的领导力、失控性作年级差异分析。由表 2-4 可见，在领导力、失控性上，年级差异极其显著 (P＜0.001)。经多重比较发现，在领导力上，二年级和六年级高于三、四、五年级 (P＜0.001)；在失控性上，六年级低于三、四、五年级 (P＜0.001)。

3. 教师给予六年级学生更多的自主性，要求也更为严格

对小学师生关系影响力下属指标的学生自主性、严格性作年级差异分析。由表 2-4 可见，在学生自主性、严格性上，年级差异极其显著(P＜0.001)。经多重比较发现，在学生自主性、严格性上，六年级显著高于三、四、五年级 (P＜0.001)，二年级与其他各年级差异不显著。

表 2-4 小学师生关系影响力的年级差异(M±SD)

维度	领导力	失控性	学生自主性	严格性	影响力
二年级	4.19±0.75	1.63±0.80	2.74±0.73	3.20±0.77	0.57±0.29
三年级	3.91±0.77	1.68±0.79	2.61±0.55	2.93±0.88	0.54±0.32
四年级	3.90±0.75	1.81±0.74	2.63±0.54	3.10±0.79	0.56±0.34
五年级	3.89±0.93	1.81±0.88	2.65±0.55	3.08±0.80	0.52±0.52
六年级	4.15±0.64	1.62±0.58	2.76±0.49	3.30±0.73	0.66±0.31
总体	3.96±0.79	1.73±0.76	2.66±0.54	3.10±0.81	0.57±0.38
F	14.66***	11.12***	7.93***	18.63***	12.82***
LSD	26>345	6<345	6>345	6>345	6>345

注:LSD 中的 2:二年级;3:三年级;4:四年级;5:五年级;6:六年级。

说明:* $p<0.05$;** $p<0.01$;*** $p<0.001$

(三)小学师生关系影响力的班级组织地位差异

对小学师生关系影响力及其下属各指标作班级组织地位差异分析,以了解班级干部与普通学生小学师生关系影响力的群体特征。

1. 小学师生关系影响力对班级干部的作用大于普通学生

对小学师生关系影响力作班级组织地位差异分析。由表 2-5 可见,在小学师生关系影响力上,班级组织地位差异极其显著(P<0.001)。在师生关系影响力得分上,班级干部为 0.61,普通学生为 0.54。这一结果表明,小学师生关系影响力对班级干部的作用大于普通学生。

2. 教师对班级干部的领导力较强,失控性较低

对小学师生关系影响力下属指标的领导力、失控性作班级组织地位差异分析。由表 2-5 可见,在领导力、失控性上,班级组织地位差异极其显著(P<0.001),班级干部在领导力上得分较高,失控性上得分较低。这一结果表明,在教学交往中,教师对班级干部的领导力较强,失控性较低。

3. 教师给予班级干部更多的自主性,对班级干部与普通学生要求的严格性没有差异

对小学师生关系影响力下属指标的学生自主性、严格性作班级组织地位差异分析。由表 2-5 可见,在学生自主性上,班级组织地位差异极其显著(P<0.001),班级干部在学生自主性上得分较高。在严格性上,班级组织地位差异不显著(P>0.05)。这一结果表明,教师给予班级干部更多的自主性,对班级干部与普通学生要求的严格性没有差异。

表 2-5　小学师生关系影响力的班级组织地位差异(M±SD)

维度	领导力	失控性	学生自主性	严格性	影响力
班级干部	4.10±0.76	1.66±0.71	2.71±0.51	3.11±0.80	0.61±0.38
普通学生	3.86±0.81	1.79±0.80	2.62±0.58	2.09±0.82	0.54±0.39
总数	3.96±0.79	1.73±0.76	2.66±0.54	3.10±0.81	0.57±0.38
F	71.92***	21.46***	20.70***	0.57	20.97***

说明：* p<0.05；** p<0.01；*** p<0.001

(四)小学师生关系影响力的城乡差异

对小学师生关系影响力及其下属各指标作城乡差异分析，以了解城乡小学师生关系影响力的群体特征。

1. 乡村师生关系影响力强于城市

对小学师生关系影响力作城乡差异分析，由表 2-6 可见，在小学师生关系影响力上，城乡差异极其显著(P<0.001)。在师生关系影响力上，乡村学生得分为 0.65，城市学生得分为 0.52。这一结果表明，乡村小学师生关系影响力强于城市。

2. 乡村教师表现出较强的领导力，较少失控

对小学师生关系影响力下属指标的领导力、失控性作城乡差异分析。由表 2-6 可见，在领导力上，城乡差异显著(P<0.05)；在失控性上，城乡差异极其显著(P<0.001)。乡村学生在领导力上的得分较高，在失控性上的得分较低。由此可见，乡村教师表现出较强的领导力，较少失控。

3. 乡村教师要求更为严格，也给予学生更多的自主性

对小学师生关系影响力下属指标的学生自主性、严格性作城乡差异分析。由表 2-6 可见，在严格性上，城乡差异显著(P<0.05)；在学生自主性上，城乡差异极其显著(P<0.001)。乡村学生在自主性和严格性上的得分较高。由此可见，乡村教师要求更为严格，给予学生更多的自主性。

表 2-6　小学师生关系影响力的城乡差异(M±SD)

维度	领导力	失控性	学生自主性	严格性	影响力
城市	3.91±0.82	1.74±0.79	2.62±0.87	3.07±0.85	0.52±0.85
乡村	4.08±1.05	1.44±0.57	3.02±1.03	3.32±0.67	0.65±0.67
总数	3.96±0.79	1.73±0.76	2.66±0.54	3.10±0.81	0.57±0.38
F	4.00*	13.68***	20.34***	10.83*	12.57***

说明：* p<0.05；** p<0.01；*** p<0.001

(五)小学师生关系影响力的学科教师差异

对小学师生关系影响力及其下属各指标作学科教师差异分析,以了解不同学科教师师生关系影响力的群体特征。

1. 人文类学科教师师生关系影响力较大

由表 2-7 可见,在小学师生关系影响力上,不同学科教师师生关系影响力差异极其显著(P<0.001)。进一步多重比较发现,人文类学科教师得分显著高于科学类和艺体类学科教师(P<0.001)。这一结果表明,人文类学科教师师生关系影响力较大。

2. 人文类学科教师比科学类学科教师领导力强,科学类学科教师教学失控性较强

对小学师生关系影响力下属指标的领导力、失控性作学科教师差异分析。由表 2-7 可知,在领导力与失控性上,学科教师差异极其显著(P<0.001)。进一步多重比较发现,人文类学科教师领导力得分显著高于科学类学科教师(P<0.001),科学类学科教师失控性得分显著高于人文类和艺体类学科教师(P<0.001),这一结果表明,人文类学科教师比科学类学科教师领导力强,科学类学科教师教学失控性较强。

3. 人文类学科教师严格性和学生自主性较强,艺体类学科教师严格性较弱

对小学师生关系影响力下属指标的严格性和学生自主性作学科教师差异分析。由表 2-7 可见,在严格性和学生自主性上,学科教师差异极其显著(P<0.001)。进一步多重比较发现,在严格性上,人文类学科教师得分高于科学类学科教师,科学类学科教师得分高于艺体类学科教师(P<0.001);在学生自主性上,人文类学科教师得分显著高于科学类和艺体类学科教师(P<0.001)。这一结果表明,人文类学科教师严格性和学生自主性较强,艺体类学科教师严格性较弱。

表 2-7 小学师生关系影响力的学科教师差异(M±SD)

维度	领导力	失控性	严格性	学生自主性	影响力
人文类	4.02±0.76	1.68±0.69	3.18±0.79	2.70±0.58	0.57±0.34
科学类	3.86±0.87	1.88±0.92	3.03±0.84	2.58±0.47	0.51±0.48
艺体类	3.90±0.76	1.64±0.55	2.52±0.73	2.54±0.43	0.51±0.27
总数	3.96±0.79	1.73±0.76	3.10±0.81	2.66±0.54	0.57±0.38
F	12.27***	25.21***	62.17***	16.34***	
LSD	1>2	13<2	1>2>3	1>23	

注:LSD 中的 1:人文类;2:科学类;3:艺体类。

说明:* p<0.05;** p<0.01;*** p<0.001

(六)小学师生关系影响力的学生家庭结构差异

1. 单亲家庭与非单亲家庭子女小学师生关系影响力差异不显著

对单亲家庭与非单亲家庭子女小学师生关系影响力作差异分析,以了解不同家庭结构子女师生关系影响力的群体特征。由表 2-8 可见,单亲家庭与非单亲家庭子女小学师生关系影响力差异不显著(P>0.05)。

2. 单亲家庭与非单亲家庭子女小学师生关系影响力下属各指标差异均不显著

对单亲家庭与非单亲家庭子女小学师生关系影响力下属各指标作差异分析。由表 2-8 可见,单亲家庭与非单亲家庭子女小学师生关系影响力下属各指标差异均不显著(P>0.05)。

表 2-8　小学师生关系影响力家庭结构差异(M±SD)

维度	领导力	失控性	学生自主性	严格性	影响力
非单亲家庭	3.95±0.82	1.74±0.72	2.67±0.38	3.11±0.82	0.57±0.41
单亲家庭	4.01±0.76	1.69±0.81	2.62±0.36	2.88±0.72	0.59±0.38
总数	3.96±0.79	1.73±0.76	2.66±0.37	3.10±0.81	0.57±0.38
F	0.38	0.57	0.46	0.13	0.10

说明:* p<0.05;** p<0.01;*** p<0.001

二、小学师生关系亲密度的群体差异

对小学师生关系亲密度及其下属各指标作性别、年级、城乡、家庭结构等方面的差异分析,以了解小学师生关系亲密度的群体特征。

(一)小学师生关系亲密度的性别差异

对小学师生关系亲密度及其下属各指标作性别差异分析,以了解小学男女生师生关系亲密度的群体特征。

1. 小学女生师生关系亲密度较高

对小学师生关系亲密度作性别差异分析。由表 2-9 可见,在小学师生关系亲密度上,性别差异极其显著(P<0.001)。在师生关系亲密度的得分上,女生为 1.06,男生为 0.91。这一结果表明,小学女生师生关系亲密度较高。

2. 教师乐于帮助女生,能理解女生,并能与她们友好相处

对小学师生关系亲密度下属指标的帮助/友好性、理解性作性别差异分析。由表 2-9 可见，在帮助/友好性、理解性上，性别差异极其显著(P＜0.001)。在帮助/友好性、理解性上，女生得分高于男生(P＜0.001)。这一结果表明，教师乐于帮助女生，能理解女生，并能与她们友好相处。

3. 教师对女生较少惩戒与不满

对小学师生关系亲密度下属指标的惩戒性、不满性作性别差异分析。由表 2-9 可知，在惩戒性、不满性上，性别差异极其显著(P＜0.001)。在惩戒性、不满性上，女生得分低于男生(P＜0.001)。这一结果表明，教师对女生较少惩戒与不满。

表 2-9　小学师生关系亲密度性别差异(M±SD)

维度	帮助/友好性	理解性	惩戒性	不满性	亲密度
男	3.66±0.79	3.80±0.85	1.93±0.81	2.27±0.87	0.91±0.72
女	3.80±0.88	3.96±0.81	1.81±0.75	2.16±0.75	1.06±0.71
总数	3.73±0.84	3.88±0.84	1.87±0.78	2.22±0.81	0.98±0.72
F	21.15***	25.80***	16.08***	16.08***	32.46***

说明：* p＜0.05；** p＜0.01；*** p＜0.001

(二)小学师生关系亲密度的年级差异

对小学师生关系亲密度及其下属各指标作年级差异分析，以了解不同年级小学师生关系亲密度的群体特征。

1. 小学六年级师生关系亲密度最高，二年级最低

对小学师生关系亲密度作年级差异分析。由表 2-10 可见，在小学师生关系亲密度上，年级差异极其显著(P＜0.001)。师生关系亲密度六年级得分为 1.12，二、三、四、五年级得分分别为 0.78、0.94、0.92、0.99。进一步多重比较发现，在师生关系亲密度上，六年级得分显著高于二、三、四、五年级，三、四、五年级得分显著高于二年级 (P＜0.001)。

2. 随年级增长，教师在教学交往中更为友好，给予学生更多的帮助

对小学师生关系亲密度下属指标的帮助/友好性作年级差异分析。由表 2-10 可见，在帮助/友好性上，年级差异极其显著 (P＜0.001)。进一步多重比较发现，从二年级到六年级，随年级增长，帮助/友好性的得分逐渐增加，差异极其显著 (P＜0.001)。这一结果表明，随年级增长，教师在教学交往中更为友好，给予学生更多的帮助。

3. 教师在教学交往中对高年级学生比中年级学生表现更多的理解

对小学师生关系亲密度下属指标的理解性作年级差异分析，由表 2-10 可见，在理解性上，年级差异极其显著（P<0.001）。经多重比较发现，五、六年级得分显著高于三、四年级（P<0.001）。这一结果表明，教师在教学交往中对高年级学生比中年级表现更多的理解。

4. 教师对二年级学生惩戒最多，对六年级学生惩戒最少

对小学师生关系亲密度下属指标的惩戒性作年级差异分析。由表 2-10 可见，在惩戒性上，年级差异极其显著（P<0.001）。进一步多重比较发现，六年级得分显著低于二、三、四、五年级（P<0.001）；二年级得分高于三、四、五年级（P<0.001）。这一结果表明，教师对二年级学生惩戒最多，对六年级学生惩戒最少。

5. 教师在教学交往中对二年级学生表现最多的不满

对小学师生关系亲密度下属指标的不满性作年级差异分析。由表 2-10 可见，在不满性上，年级差异极其显著（P<0.001）。经比较发现，二年级得分高于三、四、五、六年级（P<0.001）。这一结果表明，教师在教学交往中对二年级学生表现最多的不满。

表 2-10 小学师生关系亲密度年级差异(M±SD)

维度	帮助/友好性	理解性	惩戒性	不满性	亲密度
二年级	3.26±0.78	3.95±1.02	2.03±0.87	2.65±0.76	0.78±0.64
三年级	3.56±0.87	3.78±0.84	1.87±0.87	2.16±0.86	0.94±0.67
四年级	3.71±0.90	3.77±0.81	1.94±0.82	2.20±0.79	0.92±0.71
五年级	3.78±0.95	3.95±0.84	1.87±0.75	2.25±0.86	0.99±0.76
六年级	4.00±0.80	4.04±0.77	1.77±0.77	2.23±0.76	1.12±0.67
总体	3.73±0.84	3.88±0.84	1.87±0.78	2.22±0.81	0.98±0.72
F	28.85***	14.58***	5.49***	7.49***	9.93***
LSD	6>5>4>3>2	34<56	2>345>6	2>3456	6>345>2

注：LSD 中的 2：二年级；3：三年级；4：四年级；5：五年级；6：六年级

说明：* p<0.05；** p<0.01；*** p<0.001

（三）小学师生关系亲密度的班级组织地位差异

对小学师生关系亲密度及其下属各指标作班级组织地位差异分析，以了解班级干部与普通学生小学师生关系亲密度的群体特征。

1. 班级干部小学师生关系更为亲密

对小学师生关系亲密度作班级组织地位差异分析。由表 2-11 可见，在小学师生关系亲密度上，班级组织地位差异极其显著(P<0.001)。在师生关系亲密度得分上，班级干部为1.12，普通学生为0.88。这一结果表明，班级干部在教学交往中与教师更为亲密。

2. 教师对班级干部更为友好，给予他们更多的理解与帮助

对小学师生关系亲密度下属指标的帮助/友好性、理解性作班级组织地位差异分析。由表2-11可见，在帮助/友好性、理解性上，班级干部与普通学生的差异极其显著(P<0.001)；班级干部得分显著高于普通学生(P<0.001)。这一结果表明，教师对班级干部更为友好，给予他们更多的理解与帮助。

3. 教师对班级干部表现出更少的惩戒与不满

对小学师生关系亲密度下属指标的惩戒性、不满性作班级组织地位差异分析。由表2-11可见，在惩戒性、不满性上，班级组织地位差异极其显著(P<0.001)；班级干部得分显著低于普通学生(P<0.001)。这一结果表明，教师对班级干部表现出更少的惩戒与不满。

表2-11 小学师生关系亲密度班级组织地位差异(M±SD)

维度	帮助/友好性	理解性	惩戒性	不满性	亲密度
班级干部	3.90±0.89	4.05±1.02	1.79±0.74	2.16±0.72	1.12±0.70
普通学生	3.62±0.87	3.74±0.84	1.93±0.81	2.27±0.79	0.88±0.70
总数	3.73±0.84	3.88±0.84	1.87±0.78	2.22±0.81	0.98±0.72
F	73.45***	105.99***	23.64***	13.64***	82.47***

说明：* p<0.05；** p<0.01；*** p<0.001

(四)小学师生关系亲密度的城乡差异

对小学师生关系亲密度及其下属各指标作城乡差异分析，以了解城乡小学师生关系亲密度的群体特征。

1. 城乡师生关系亲密度无显著差异

对小学师生关系亲密度作城乡差异分析，由表2-12可见，在小学师生关系亲密度上，城乡差异不显著(P<0.001)。在小学师生关系亲密度得分上，乡村学生为0.99，城市学生为0.96。这一结果表明，乡村小学师生关系亲密度强于城市。

2. 城乡教师在教学交往中的帮助/友好性、理解性没有显著差异

对小学师生关系亲密度下属指标的帮助/友好性、理解性作城乡差异分析。由表 2-12 可见，在帮助/友好性、理解性上，城乡差异不显著(P>0.05)。

3. 城乡教师在教学交往中的惩戒性、不满性没有显著差异

对小学师生关系亲密度下属指标的惩戒性、不满性作城乡差异分析。由表 2-12 可见，在惩戒性、不满性上，城乡差异不显著(P>0.05)。

表 2-12　小学师生关系亲密度城乡差异(M±SD)

地区	帮助/友好性	理解性	惩戒性	不满性	亲密度
城市	3.66±0.91	3.81±1.11	1.97±0.79	2.28±0.84	0.96±0.70
乡村	3.80±1.13	3.96±1.03	1.80±1.02	2.15±1.01	0.99±0.70
总数	3.73±0.84	3.88±0.84	1.87±0.78	2.22±0.81	0.98±0.72
F	2.280	1.745	0.720	2.309	1.845

说明：* p<0.05；** p<0.01；*** p<0.001

(五)小学师生关系亲密度的学科教师差异

对小学师生关系亲密度及其下属各指标作学科教师差异分析，以了解不同学科教师小学师生关系亲密度的群体特征。

1. 人文类学科教师师生关系亲密度高于科学类学科教师

对小学师生关系亲密度作学科教师差异分析。由表 2-13 可见，在小学师生关系亲密度上，学科教师差异极其显著(P<0.001)。进一步多重比较发现，人文类学科教师得分显著高于科学类学科教师(P<0.001)。这一结果表明，人文类学科教师师生关系亲密度高于科学类学科教师。

2. 人文类学科教师比科学类学科教师给予学生更多的帮助，师生关系较为友好

对小学师生关系亲密度下属指标的帮助/友好性作学科教师差异分析。由表 2-13 可见，在帮助/友好性上，学科教师差异极其显著(P<0.001)。进一步多重比较发现，人文类学科教师得分显著高于科学类学科教师(P<0.001)。这一结果表明，人文类学科教师比科学类学科教师给予学生更多的帮助，师生关系较为友好。

3. 科学类学科教师给予学生更多的惩戒

对小学师生关系亲密度下属指标的惩戒性作学科教师差异分析。由表 2-13 可见，在惩戒性上，学科教师差异极其显著(P<0.001)。进一步多重比较发现，科学类学科教师得分显著高于人文类和艺体类学科教师(P<0.001)。

这一结果表明，科学类学科教师给予学生更多的惩戒。

4. 艺体类学科教师对学生表现较少的不满

对小学师生关系亲密度下属指标的不满性作学科教师差异分析。由表2-13可见，在不满性上，学科教师差异极其显著(P＜0.001)。进一步多重比较发现，艺体类学科教师得分显著低于人文类和科学类学科教师(P＜0.001)。这一结果表明，艺体类学科教师对学生表现较少的不满。

表 2-13 小学师生关系亲密度学科教师差异(M±SD)

维度	帮助/友好性	理解性	惩戒性	不满性	亲密度
人文类	3.79±0.87	3.91±0.84	1.82±0.77	2.25±0.78	1.03±0.71
科学类	3.63±0.93	3.85±0.79	1.99±0.83	2.23±0.86	0.90±0.72
艺体类	3.65±0.98	3.63±0.85	1.82±0.73	1.94±0.78	1.03±0.71
总体	3.73±0.84	3.88±0.84	1.87±0.78	2.22±0.81	0.98±0.71
F	9.85***	10.79***	14.05***	12.63***	8.38***
LSD	1>2	12>3	13<2	12>3	1>2

注：LSD 中的 1：人文类 2：科学类；3：艺体类。

说明：* p<0.05；** p<0.01；*** p<0.001

(六)小学师生关系亲密度的家庭结构差异

1. 单亲家庭与非单亲家庭子女小学师生关系亲密度差异不显著

对单亲家庭与非单亲家庭子女小学师生关系亲密度作差异分析，以了解不同家庭结构子女师生关系亲密度的群体特征。由表2-14可见，单亲家庭与非单亲家庭子女小学师生关系亲密度差异不显著(P＞0.05)。

2. 单亲家庭与非单亲家庭子女小学师生关系亲密度下属各指标差异均不显著

对单亲家庭与非单亲家庭子女小学师生关系亲密度下属各指标作差异分析。由表2-14可见，单亲家庭与非单亲家庭子女小学师生关系亲密度下属各指标差异均不显著(P＞0.05)。

表 2-14 小学师生关系亲密度家庭结构差异(M±SD)

维度	帮助/友好性	理解性	惩戒性	不满性	亲密度
单亲家庭	3.73±0.87	3.90±0.86	1.83±0.81	2.22±0.87	1.01±0.68
非单亲家庭	3.73±0.84	3.88±0.93	1.87±0.77	2.22±0.83	0.95±0.73
总数	3.73±0.84	3.88±0.84	1.87±0.78	2.22±0.81	0.98±0.72
F	0.00	0.17	0.74	0.00	0.15

说明：* p<0.05；** p<0.01；*** p<0.001

第三章

小学师生关系与教师亲切性

本章从非言语行为和言语行为两方面考察小学教师非言语与言语亲切性的总体状况及其群体特征。在此基础上，对小学师生关系亲密度、影响力与教师言语亲切性、非言语亲切性各因子进行 pearson 相关与多元回归分析，以了解小学师生关系影响力、亲密度的现状与教师亲切性的关系。

第一节　小学教师亲切性的总体状况

通过对小学教师教学中非言语行为和言语行为两方面的考察，以了解小学教师亲切性的总体状况。

一、小学教师非言语亲切性的总体状况

以小学教师在教学中微笑、目光、姿态、语调、动作等五个指标，对全班同学微笑、对个别学生微笑、与全班同学目光交流、看黑板或 PPT 等、姿态自然、姿态紧张、语调抑扬顿挫、语调单调、手势、走动等十个条目，进行描述性统计，来了解小学教师非言语亲切性的总体状况。

(一)小学教师非言语较亲切

由表 3-1 可见，小学教师在教学中的非言语亲切性得分为 3.65，接近于五级评分中的 4.00。这一结果表明，小学教师非言语总体上较为亲切。

(二)小学教师非言语行为较自然热忱,亲近学生

由表 3-1 可知,小学教师在教学中微笑、目光、姿态、语调、动作的具体表现:一是教师姿态得分为 4.20,说明教师姿态较自然。二是在语调和目光上得分分别为 3.76、3.62,接近于五级评分中的 4.00,说明教师非言语行为较为热忱。三是在微笑和动作上得分为 3.41、3.26,接近于五级评分中的3.00,说明教师是亲近学生的。综上所述,教师非言语行为较自然热忱,亲近学生。

表 3-1 教师非言语亲切性、言语亲切性及其下属各因子的状况

微笑	目光关注	姿态自然	语调抑扬	动作交流	非言语亲切性
3.41±0.94	3.62±0.93	4.20±0.96	3.76±1.05	3.26±1.13	3.65±0.61
称呼我们	联系自身经验举例	鼓励提问	交流答疑	表扬	言语亲切性
3.52±1.45	3.46±1.39	4.05±1.08	3.64±1.13	3.87±1.19	3.75±0.88

二、小学教师言语亲切性的总体状况

对小学教师在教学中称呼我们、联系自身经验举例、鼓励提问、交流答疑、表扬等课堂教学言语行为指标进行描述性统计,以了解小学教师言语亲切性的总体状况。

(一)小学教师言语较亲切

由表 3-1 可见,小学教师在课堂教学中的言语亲切性得分为 3.75,接近于五级评分中的 4.00。这一结果表明小学教师言语总体上较为亲切。

(二)小学教师在课堂上与学生互动时言语较积极,亲近学生

小学教师在鼓励提问、交流答疑、表扬、称呼我们等条目上得分为 4.05、3.64、3.87、3.52,接近于五级评分中的 4.00。这一结果表明,教师在课堂上与学生的互动较积极。在联系自身经验举例上得分为 3.46,接近于五级评分中的 3.00,说明教师在言语上是亲近学生的。

第二节　小学教师亲切性的群体特征

对小学教师亲切性及其下属各指标作学生性别、年级、家庭结构等方面

的差异分析，以了解小学教师亲切性的群体特征。

一、小学教师亲切性的学生性别差异

对小学教师言语亲切性、非言语亲切性及其下属各指标作学生性别差异分析，以了解小学教师对不同性别学生亲切性的状况。

（一）小学教师非言语亲切性的学生性别差异

1. 小学教师对女生的非言语亲切性较高

对小学教师非言语亲切性作性别差异分析。由表 3-2 可见，在小学教师非言语亲切性上，性别差异极其显著（$P<0.001$）。在小学教师非言语亲切性得分上，女生为 3.72，男生为 3.58。这一结果表明，小学教师对女生的非言语亲切性较高。

2. 小学教师在微笑、目光、姿态、语调、动作等非言语行为方面对女生表现更亲切

对小学教师非言语亲切性的下属指标微笑、目光关注、姿态自然、语调抑扬、动作交流作性别差异分析。由表 3-2 可见，在微笑、目光关注、姿态自然、语调抑扬上，性别差异极其显著。在微笑、目光关注、姿态自然、语调抑扬、动作交流上，女生得分高于男生。这一结果表明，教师与女生交流时在微笑、目光、姿态、语调、动作交流方面的表现更为亲切。

表 3-2 小学教师非言语亲切性性别差异（M±SD）

维度	微笑	目光关注	姿态自然	语调抑扬	动作交流	非言语亲切性
男	3.35±0.91	3.56±0.90	4.11±0.97	3.68±1.05	3.21±1.12	3.58±0.58
女	3.48±0.97	3.68±0.96	4.29±0.97	3.85±1.05	3.30±1.14	3.72±0.63
总数	3.41±0.94	3.62±0.93	4.20±0.96	3.76±105	3.26±1.13	3.65±0.61
F	15.64***	14.02***	25.28***	21.66***	4.49*	40.58***

说明：* $p<0.05$；** $p<0.01$；*** $p<0.001$

（二）小学教师言语亲切性的学生性别差异

1. 小学教师对女生的言语亲切性较高

对小学教师言语亲切性作性别差异分析。由表 3-3 可见，在小学教师言语亲切性上，性别差异极其显著（$P<0.01$）。在小学教师言语亲切性得分上，女生为 3.79，男生为 3.71。这一结果表明，小学教师对女生的言语亲切性较高。

2. 教师与女生进行言语交流时更多地称呼我们、鼓励提问、交流答疑、表扬

对小学教师言语亲切性的下属指标称呼我们、联系自身经验举例、鼓励提问、交流答疑、表扬作性别差异分析。由表 3-3 可见，在称呼我们、联系自身经验举例、鼓励提问、交流答疑、表扬上，性别差异极其显著（P＜0.001）。在称呼我们、鼓励提问、交流答疑、表扬上，女生得分高于男生（P＜0.001）。这一结果表明，教师与女生进行言语交流时更多地称呼我们、鼓励提问、交流答疑、表扬。

表 3-3 小学教师言语亲切性性别差异(M±SD)

维度	称呼我们	联系自身经验举例	鼓励提问	交流答疑	表扬	言语亲切性
男	3.47±1.44	3.49±1.39	4.00±1.08	3.58±1.13	3.84±1.22	3.71±0.88
女	3.57±1.46	3.44±1.40	4.10±1.09	3.70±1.13	3.90±1.17	3.79±0.88
总数	3.52±1.45	3.46±1.39	4.05±1.08	3.64±1.13	3.87±1.19	3.75±0.88
F	0.98	3.35	6.61**	9.23**	2.27	6.27**

说明：* p＜0.05；** p＜0.01；*** p＜0.001

二、小学教师亲切性的学生年级差异

对小学教师言语亲切性、非言语亲切性及其下属各指标作学生年级差异分析，以了解小学教师对各年级学生亲切性的状况。

（一）小学教师非言语亲切性的学生年级差异

1. 小学教师对中年级学生非言语亲切性较低

对小学教师非言语亲切性作年级差异分析。由表 3-4 可见，在小学教师非言语亲切性上，年级差异极其显著（P＜0.001）。进一步多重比较发现，在小学教师非言语亲切性上，二、五、六年级学生得分显著高于三、四年级（P＜0.001）。这一结果表明，教师对中年级学生非言语亲切性较低。

2. 小学教师在与低年级学生交流时微笑最少，目光关注最多，与中年级学生交流时姿态、语调及动作亲切性较低

对小学教师非言语亲切性的下属指标微笑、目光关注、姿态自然、语调抑扬、动作交流作年级差异分析。由表 3-4 可见，在微笑、目光关注、姿态自然、语调抑扬、动作交流上，年级差异极其显著（P＜0.001）。在微笑上，二年级得分显著低于其他年级；而在目光关注上，二年级得分显著高于其他年级；在姿态自然、语调抑扬、动作交流上，三、四年级得分显著低于其他年级（P＜0.001）。

表 3-4　小学教师非言语亲切性年级差异(M±SD)

维度	微笑	目光关注	姿态自然	语调抑扬	动作交流	非言语亲切性
二年级	3.13±0.65	3.91±0.72	4.49±0.82	3.92±1.17	3.73±1.37	3.83±0.55
三年级	3.36±0.96	3.62±0.89	4.00±0.95	3.53±1.04	2.86±1.12	3.47±0.62
四年级	3.40±0.94	3.51±0.93	4.12±1.02	3.63±1.05	3.20±1.09	3.57±0.60
五年级	3.50±0.97	3.66±0.94	4.26±0.96	3.89±1.06	3.38±1.13	3.74±0.61
六年级	3.44±0.95	3.66±0.96	4.43±0.97	4.05±0.95	3.59±1.08	3.83±0.57
总数	3.41±0.94	3.62±0.93	4.20±0.96	3.76±1.05	3.26±1.13	3.65±0.61
F	4.57**	5.59***	22.34***	29.95***	48.01***	43.07***
LSD	3456＞2	3456＜2	265＞34	265＞34	265＞34	265＞34

注：LSD 中的 2：二年级；3：三年级；4：四年级；5：五年级；6：六年级。
说明：* p＜0.05；** p＜0.01；*** p＜0.001

（二）小学教师言语亲切性的学生年级差异

1. 小学教师对中年级学生言语亲切性较低

对小学教师言语亲切性作年级差异分析。由表 3-5 可见，在小学教师言语亲切性上，年级差异极其显著（P＜0.001）。进一步多重比较发现，在小学教师言语亲切性上，二、五、六年级得分显著高于三、四年级（P＜0.001）。这一结果表明，教师对中年级学生言语亲切性较低。

2. 小学教师在与中年级学生交流时较少称呼我们、联系自身经验举例、鼓励提问、交流答疑、表扬

对小学教师言语亲切性的下属指标称呼我们、联系自身经验举例、鼓励提问、交流答疑、表扬作年级差异分析。由表 3-5 可见，在这些指标上年级差异极其显著（P＜0.001），三、四年级学生得分显著低于二、五、六年级学生（P＜0.001）。这一结果表明，教师在与中年级学生交流时较少称呼我们、联系自身经验举例、鼓励提问、交流答疑、表扬。

表 3-5　小学教师言语亲切性年级差异(M±SD)

维度	称呼我们	联系自身经验举例	鼓励提问	交流答疑	表扬	言语亲切性
二年级	3.54±1.73	3.78±1.68	4.21±1.13	3.86±1.41	4.27±1.02	3.96±1.16
三年级	3.10±1.52	3.29±1.37	3.92±1.12	3.51±1.12	3.75±1.25	3.57±0.87
四年级	3.36±1.45	3.28±1.39	3.87±1.14	3.46±1.10	3.71±1.21	3.57±0.88
五年级	3.78±1.32	3.58±1.37	4.12±1.01	3.71±1.02	4.00±1.02	3.85±0.86
六年级	3.90±1.24	3.70±1.26	4.36±0.88	3.90±0.99	4.00±1.06	4.01±0.85
总数	3.52±1.45	3.46±1.39	4.05±1.08	3.64±1.13	3.87±1.19	3.75±0.88
F	36.33***	13.43***	23.57***	18.20***	12.67***	36.30***
LSD	34<256	34<5<26	34<5<26	34<5<26	34<256	34<256

注：LSD 中的 2：二年级；3：三年级；4：四年级；5：五年级；6：六年级

说明：* p<0.05；** p<0.01；*** p<0.001

三、小学教师亲切性的学生班级组织地位差异

对小学教师言语亲切性、非言语亲切性及其下属各指标作学生班级组织地位差异分析，以了解小学教师对班级不同组织地位学生亲切性的状况。

(一)小学教师非言语亲切性的学生班级组织地位差异

1. 小学教师对班级干部的非言语亲切性较高

对小学教师非言语亲切性作班级组织地位差异分析。由表 3-6 可见，在小学教师非言语亲切性上，班级组织地位差异极其显著(P<0.001)。在小学教师非言语亲切性得分上，班级干部为 3.77，普通学生为 3.56。这一结果表明，小学教师对班级干部的非言语亲切性较高。

2. 小学教师在目光、姿态、语调、动作等非言语行为中对班级干部表现更亲切

对小学教师非言语亲切性的下属指标微笑、目光关注、姿态自然、语调抑扬、动作交流作班级组织地位差异分析。由表 3-6 可见，在目光关注、姿态自然、语调抑扬、动作交流上，班级组织地位差异极其显著(P<0.001)，在微笑上差异不显著(P>0.05)。在目光关注、姿态自然、语调抑扬、动作交流上，班级干部得分高于普通学生(P<0.001)。这一结果表明，教师在目光、姿态、语调、动作交流等非言语行为中对班级干部表现更亲切。

表 3-6 小学教师非言语亲切性班级组织地位差异(M±SD)

维度	微笑	目光关注	姿态自然	语调抑扬	动作交流	非言语亲切性
班级干部	3.51±0.95	3.72±0.92	4.33±0.92	3.90±1.07	3.38±1.11	3.77±0.61
普通学生	3.34±0.93	3.54±0.93	4.10±0.98	3.67±1.03	3.17±1.143	3.56±0.59
总数	3.41±0.94	3.62±0.93	4.20±0.96	3.76±105	3.26±1.13	3.65±0.61
F	23.64	29.28***	46.61***	36.31***	26.43***	87.95***

说明:* p<0.05; ** p<0.01; *** p<0.001

(二)小学教师言语亲切性的学生班级组织地位差异

1. 小学教师对班级干部的言语亲切性较高

对小学教师言语亲切性作班级组织地位差异分析。由表 3-7 可见,在小学教师言语亲切性上,班级组织地位差异极其显著(P<0.001)。在小学教师言语亲切性得分上,班级干部为 3.87,普通学生为 3.65。这一结果表明,小学教师对班级干部的言语亲切性较高。

2. 小学教师在与班级干部进行言语交流时更多地称呼我们、联系自身经验举例、鼓励提问、交流答疑、表扬

对小学教师言语亲切性的下属指标称呼我们、联系自身经验举例、鼓励提问、交流答疑、表扬作班级组织地位差异分析。由表 3-7 可见,在称呼我们、联系自身经验举例、鼓励提问、交流答疑、表扬上,班级组织地位差异极其显著(P<0.001)。在称呼我们、联系自身经验举例、鼓励提问、交流答疑、表扬上,班级干部的得分高于普通学生(P<0.001)。这一结果表明,小学教师在与班级干部进行言语交流时更多地称呼我们、联系自身经验举例、鼓励提问、交流答疑、表扬。

表 3-7 小学教师言语亲切性班级组织地位差异(M±SD)

维度	称呼我们	联系自身经验举例	鼓励提问	交流答疑	表扬	言语亲切性
班级干部	3.65±1.43	3.57±1.40	4.20±1.08	3.78±1.10	3.97±1.16	3.87±0.87
普通学生	3.42±1.47	3.38±1.40	3.94±1.11	3.53±1.15	3.79±1.22	3.65±0.89
总数	3.52±1.45	3.46±1.39	4.05±1.08	3.64±1.13	3.87±1.19	3.75±0.88
F	18.89***	13.46***	42.30***	35.84***	17.67***	51.00***

说明:* p<0.05; ** p<0.01; *** p<0.001

四、小学教师亲切性的学科教师差异

对小学教师言语亲切性、非言语亲切性及其下属各指标作学科教师差异

分析,以了解不同学科教师亲切性的状况。

(一)小学教师非言语亲切性的学科教师差异

1. 科学类学科教师非言语亲切性较低

对小学教师非言语亲切性作学科教师差异分析。由表 3-8 可见,在小学教师非言语亲切性上,不同学科教师差异极其显著($P<0.001$)。进一步多重比较发现,在小学教师非言语亲切性上,科学类学科教师与人文类、艺体类学科教师差异极其显著($P<0.001$),科学类学科教师得分低于人文类、艺体类学科教师。这一结果表明,科学类学科教师非言语亲切性较低。

2. 科学类学科教师较少表现出微笑、目光关注,姿态较为紧张,语调较为单调,动作交流较少

对小学教师非言语亲切性的下属指标微笑、目光、姿态、语调和动作作学科教师差异分析。由表 3-8 可见,在微笑、目光、姿态、语调和动作上,不同学科教师差异极其显著($P<0.001$),科学类学科教师得分低于人文类、艺体类学科教师。这一结果表明,科学类学科教师较少表现出微笑、目光关注,姿态较为紧张,语调较为单调,动作交流较少。

表 3-8 不同学科教师非言语亲切性差异(M±SD)

维度	微笑	目光关注	姿态自然	语调抑扬	动作交流	非言语亲切性
人文类学科	3.45±0.91	3.66±0.93	4.27±0.92	3.83±1.04	3.26±1.09	3.69±0.59
科学类学科	3.29±0.97	3.51±0.93	4.02±1.04	3.60±1.06	3.24±1.16	3.53±0.65
艺体类学科	3.56±1.02	3.69±0.88	4.20±0.89	3.77±1.05	3.31±1.13	3.71±0.55
总数	3.41±0.94	3.62±0.93	4.20±0.96	3.76±105	3.26±1.13	3.65±0.61
F	11.40**	8.15***	21.26***	14.03***	0.25	21.94***
LSD	2<13	2<13	2<13	2<13		2<13

注:LSD 中的 1:人文类 2:科学类;3:艺体类。

说明:* $p<0.05$;** $p<0.01$;*** $p<0.001$

(二)小学教师言语亲切性的学科教师差异

1. 人文类学科教师言语亲切性最高,科学类次之,艺体类最低

对小学教师言语亲切性作学科教师差异分析。由表 3-9 可见,在小学教师言语亲切性上,不同学科教师差异极其显著($P<0.001$)。进一步多重比较发现,在小学教师言语亲切性上,人文类、科学类、艺体类学科教师差异极其显著($P<0.001$),人文类学科教师言语亲切性得分最高,科学类次之,艺体类最低。

2. 在称呼我们、联系自身经验举例、鼓励提问、交流答疑、表扬上，人文类学科教师都表现出较高的亲切性，科学类次之，艺体类最低

对小学教师言语亲切性的下属指标称呼我们、联系自身经验举例、鼓励提问、交流答疑、表扬作学科教师差异分析。由表 3-9 可见，在称呼我们、联系自身经验举例、鼓励提问、交流答疑、表扬上，人文类、科学类、艺体类学科教师差异极其显著（P＜0.001），人文类学科教师言语亲切性得分最高，科学类次之，艺体类最低。

表 3-9　不同学科教师言语亲切性差异（M±SD）

维度	称呼我们	联系自身经验举例	鼓励提问	交流答疑	表扬	言语亲切性
人文类学科	3.62±1.42	3.61±1.32	4.16±1.00	3.72±1.11	3.94±1.15	3.85±0.84
科学类学科	3.40±1.47	3.28±1.45	3.90±1.17	3.56±1.16	3.76±1.25	3.62±0.92
艺体类学科	2.96±1.54	2.68±1.51	3.59±1.26	3.19±1.12	3.57±1.27	3.25±0.90
总数	3.52±1.45	3.46±1.39	4.05±1.08	3.64±1.13	3.87±1.19	3.75±0.88
F	22.38***	51.31***	38.39***	22.58***	13.37***	53.99***
LSD	1＞2＞3	1＞2＞3	1＞2＞3	1＞2＞3	1＞2＞3	1＞2＞3

注：LSD 中的 1：人文类 2：科学类；3：艺体类。

说明：* p＜0.05；** p＜0.01；*** p＜0.001

五、小学教师亲切性的学生家庭结构差异

（一）小学教师非言语亲切性的学生家庭结构差异

1. 小学教师对单亲家庭与非单亲家庭子女非言语亲切性差异不显著

对小学教师非言语亲切性作学生家庭结构差异分析，以了解小学教师对单亲家庭与非单亲家庭子女非言语亲切性的状况。由表 3-10 可见，小学教师对单亲家庭与非单亲家庭子女非言语亲切性差异不显著（P＞0.05）。

2. 小学教师对单亲家庭与非单亲家庭子女在微笑、目光、姿态、语调和动作上差异均不显著

对小学教师非言语亲切性的下属指标微笑、目光、姿态、语调和动作作学生家庭结构差异分析。由表 3-10 可见，在微笑、目光、姿态、语调和动作上，小学教师对单亲家庭与非单亲家庭子女差异均不显著（P＞0.05）。

表 3-10 小学教师非言语亲切性学生家庭结构差异(M±SD)

维度	微笑	目光关注	姿态自然	语调抑扬	动作交流	非言语亲切性
非单亲家庭	3.41±0.91	3.62±0.97	4.21±1.03	3.77±1.00	3.26±1.19	3.66±0.66
单亲家庭	3.44±0.97	3.62±0.98	4.12±1.09	3.68±1.05	3.30±1.09	3.62±0.65
总数	3.41±0.94	3.62±0.93	4.20±0.96	3.76±1.05	3.26±1.13	3.65±0.61
F	0.12	0.89	0.89	0.86	0.12	0.45

说明：* $p<0.05$；** $p<0.01$；*** $p<0.001$

(二)小学教师言语亲切性的学生家庭结构差异

1. 小学教师对单亲家庭与非单亲家庭子女言语亲切性差异不显著

对小学教师言语亲切性作学生家庭结构差异分析，以了解小学教师对单亲家庭与非单亲家庭子女言语亲切性的状况。由表 3-11 可见，小学教师对单亲家庭与非单亲家庭子女言语亲切性差异不显著($P>0.05$)。

2. 小学教师对单亲家庭与非单亲家庭子女在称呼我们、联系自身经验举例、鼓励提问、交流答疑、表扬上差异均不显著

对小学教师言语亲切性的下属指标称呼我们、联系自身经验举例、鼓励提问、交流答疑、表扬作学生家庭结构差异分析。由表 3-11 可见，在称呼我们、联系自身经验举例、鼓励提问、交流答疑、表扬上，小学教师对单亲家庭与非单亲家庭子女差异均不显著($P>0.05$)。

表 3-11 小学教师言语亲切性学生家庭结构差异(M±SD)

维度	称呼我们	联系自身经验举例	鼓励提问	交流答疑	表扬	言语亲切性
非单亲家庭	3.50±1.43	3.45±1.33	4.05±1.00	3.65±1.15	3.88±1.25	3.75±0.92
单亲家庭	3.72±1.48	3.55±1.46	4.03±1.17	3.52±1.18	3.76±1.34	3.74±0.92
总数	3.52±1.45	3.46±1.39	4.05±1.08	3.64±1.13	3.87±1.19	3.75±0.88
F	0.53	2.86	1.50	0.07	1.44	0.04

说明：* $p<0.05$；** $p<0.01$；*** $p<0.001$

第三节 小学师生关系现状与教师亲切性

为了解小学师生关系影响力、亲密度现状与教师亲切性的关系，对小学师生关系影响力、亲密度与教师言语亲切性、非言语亲切性各因子进行 pearson 相关与多元回归分析。

一、小学师生关系影响力现状与教师亲切性的关系

为了解小学师生关系影响力现状与教师非言语亲切性、言语亲切性的关系，对小学师生关系影响力与教师非言语亲切性、言语亲切性及其各因子进行 pearson 相关与多元回归分析。

（一）小学师生关系影响力与教师非言语亲切性的关系

对小学师生关系影响力与教师非言语亲切性及其各下属指标姿态、目光、微笑、语调、动作进行 pearson 相关分析。由表 3-12 可见，教师非言语亲切性及下属指标姿态、目光、微笑、语调、动作与小学师生关系影响力呈正相关。

其一，对小学教师交往行为领导力与教师非言语亲切性及其各下属指标姿态、目光、微笑、语调、动作进行 pearson 相关分析。由表 3-12 可见，教师非言语亲切性及下属指标姿态、目光、微笑、语调、动作与小学教师交往行为领导力呈正相关。

其二，对小学教师交往行为失控性与教师非言语亲切性及其各下属指标姿态、目光、微笑、语调、动作进行 pearson 相关分析。由表 3-12 可见，教师非言语亲切性及下属指标姿态、目光、微笑、语调、动作与小学教师交往行为失控性呈负相关。

其三，对小学教师交往行为严格性与教师非言语亲切性及其各下属指标姿态、目光、微笑、语调、动作进行 pearson 相关分析。由表 3-12 可见，教师非言语亲切性及下属指标姿态、语调、动作与小学教师交往行为严格性呈正相关。

其四，对小学教师交往行为学生自主性与教师非言语亲切性及其各下属指标姿态、目光、微笑、语调、动作进行 pearson 相关分析。由表 3-12 可见，教师非言语亲切性及下属指标姿态、目光、微笑、语调、动作与小学教师交往行为学生自主性呈正相关。

表 3-12 小学师生关系影响力与教师非言语亲切性的关系(M±SD)

	微笑	目光关注	姿态自然	语调抑扬	动作交流	非言语亲切性
影响力	0.17**	0.24**	0.32**	0.23**	0.16**	0.37**
领导力	0.31**	0.32**	0.41**	0.34**	0.24**	0.53**
失控性	−0.26**	−0.28**	−0.38**	−0.26**	−0.05**	−0.39**
严格性	−0.08**	−0.02	0.06**	0.05*	0.11**	0.05*
学生自主性	0.23**	0.16**	0.24**	0.23**	0.10**	0.31**

说明：* p<0.05；** p<0.01；*** p<0.001

(二)教师言语亲切性正向影响小学师生关系影响力

对小学师生关系影响力与教师言语亲切性及其各下属指标联系自身经验举例、称呼我们、交流答疑、鼓励提问、表扬进行 pearson 相关分析。由表 3-13 可见，教师言语亲切性及下属指标联系自身经验举例、称呼我们、交流答疑、鼓励提问、表扬与小学师生关系影响力呈正相关。

其一，对小学教师交往行为领导力、学生自主性与教师言语亲切性及其各下属指标联系自身经验举例、称呼我们、交流答疑、鼓励提问、表扬进行 pearson 相关分析。由表 3-13 可见，教师言语亲切性及下属指标联系自身经验举例、称呼我们、交流答疑、鼓励提问、表扬与小学教师交往行为领导力、学生自主性呈正相关。

其二，对小学教师交往行为失控性与教师言语亲切性及其各下属指标联系自身经验举例、称呼我们、交流答疑、鼓励提问、表扬进行 pearson 相关分析。由表 3-13 可见，教师言语亲切性及下属指标联系自身经验举例、称呼我们、交流答疑、鼓励提问、表扬与小学教师交往行为失控性呈负相关。

其三，对小学教师交往行为严格性与教师言语亲切性及其各下属指标联系自身经验举例、称呼我们、交流答疑、鼓励提问、表扬进行 pearson 相关分析。由表 3-13 可见，教师言语亲切性及下属指标联系自身经验举例、称呼我们、鼓励提问、表扬与小学教师交往行为失控性呈正相关。

表 3-13 小学师生关系影响力与教师言语亲切性的关系

	联系自身经验举例	称呼我们	交流答疑	鼓励提问	表扬	言语亲切性
影响力	0.11**	0.16**	0.17**	0.22**	0.12**	0.22**
领导力	0.26**	0.28**	0.42**	0.47**	0.42**	0.51**
失控性	−0.05*	−0.06**	−0.16**	−0.25**	−0.23**	−0.20**
严格性	0.12**	0.17**	0.02	0.05**	0.06**	0.08**
学生自主性	0.24**	0.22**	0.39**	0.41**	0.35**	0.46**

说明：p<0.05；** p<0.01；*** p<0.001

二、教师亲切性对小学师生关系影响力的影响效力

（一）“无声胜有声”，教师非言语亲切性比言语亲切性对小学师生关系影响力的影响效力大

对小学师生关系影响力与教师言语亲切性、非言语亲切性维度进行线性回归分析。由表3-14可见，教师非言语亲切性对小学师生关系影响力的影响效力是0.35，言语亲切性的影响效力是0.04。这一结果表明，“无声胜有声”，教师非言语亲切性比言语亲切性对小学师生关系影响力的影响效力大。

表3-14　教师亲切性对小学师生关系影响力的影响效力

教师亲切性		非言语亲切性	言语亲切性
影响力	β	0.35	0.04
	t	17.77***	2.22*
	$\triangle R^2$	0.14	
	F	250.37***	
领导力	β	0.36	0.32
	t	21.03***	18.51***
	$\triangle R^2$	0.36	
	F	825.17***	
失控性	β	−0.04	0.01
	t	−20.27***	0.31
	$\triangle R^2$	0.16	
	F	279.45***	
严格性	β	0.00	0.09
	t	0.01	4.13***
	$\triangle R^2$	0.01	
	F	11.83***	
学生自主性	β	0.10	0.41
	t	5.04***	21.98***
	$\triangle R^2$	0.22	
	F	431.97***	

注：影响效力看β值。

说明：p＜0.05；** p＜0.01；*** p＜0.001

1. 教师非言语亲切性与言语亲切性对小学教师交往行为领导力的影响效力大

对小学教师交往行为领导力与教师言语亲切性、非言语亲切性维度进行线性回归分析。由表3-14可见，教师非言语亲切性对小学教师交往行为领导力的影响效力是0.36，言语亲切性的影响效力是0.32。这一结果表明，教

师非言语亲切性与言语亲切性对小学教师交往行为领导力的影响效力大。

2. 教师非言语亲切性能有效调控教师交往行为的失控性

对小学教师交往行为失控性与教师言语亲切性、非言语亲切性维度进行线性回归分析。由表 3-14 可见,教师非言语亲切性对小学教师交往行为失控性的影响效力显著,是－0.04,言语亲切性的影响效力不显著。这一结果表明,教师非言语亲切性能有效调控教师交往行为的失控性。

3. 教师言语亲切性对小学教师交往行为严格性的影响效力大

对小学教师交往行为严格性与教师言语亲切性、非言语亲切性维度进行线性回归分析。由表 3-14 可见,教师言语亲切性对小学教师交往行为严格性的影响效力显著,是 0.09,非言语亲切性的影响效力不显著。这一结果表明,教师言语亲切性对小学教师交往行为严格性的影响效力大。

4. 教师言语亲切性比非言语亲切性对小学教师交往行为学生自主性的影响效力大

对小学教师交往行为学生自主性与教师言语亲切性、非言语亲切性维度进行线性回归分析。由表 3-14 可见,教师非言语亲切性对小学教师交往行为学生自主性的影响效力是 0.10,言语亲切性的影响效力是 0.41。这一结果表明,教师言语亲切性比非言语亲切性对小学教师交往行为学生自主性的影响效力大。

(二)教师的姿态、目光、动作、语调及微笑正向影响小学师生关系影响力

对小学师生关系影响力与教师非言语亲切性下属各指标姿态、目光、语调、动作及微笑进行线性回归分析。由表 3-15 可见,对小学师生关系影响力的影响效力依次为教师的姿态、目光、语调、动作及微笑。其中,教师姿态的影响效力为 0.21,教师目光的影响效力为 0.13,教师动作和语调的影响效力为 0.10,教师微笑的影响效力为 0.07。

1. 教师的姿态、目光、微笑、语调及动作影响小学教师交往行为领导力

对小学教师交往行为领导力与教师非言语亲切性下属各指标姿态、目光、语调、微笑及动作进行线性回归分析。由表 3-15 可见,教师的姿态、目光、语调、微笑及动作对小学教师交往行为领导力的影响效力显著($P<0.001$)。对小学教师交往行为领导力的影响效力依次为教师的姿态、目光、语调、微笑

和动作。其中,教师姿态的影响效力为 0.24,教师目光、微笑和语调的影响效力为0.16,教师动作的影响效力为 0.14。

2. 教师的姿态、目光、微笑、语调能有效调控课堂失控性,教师的动作交流能增加课堂失控性

对小学教师交往行为失控性与教师非言语亲切性下属各指标姿态、目光、语调、动作及微笑进行线性回归分析。由表 3-15 可见,教师的姿态、目光、语调、动作及微笑对小学教师交往行为失控性的影响效力显著(P<0.001)。其中,教师的姿态、目光、微笑、语调对小学教师交往行为失控性产生负向影响,教师的动作交流则有着正向影响。这一结果表明,教师的姿态、目光、微笑、语调能有效调控小学教师交往行为失控性,教师的动作交流则会增加失控性。

3. 教师的姿态、动作、语调能增强教学严格性,教师的微笑则会削弱教学严格性

对小学教师交往行为严格性与教师非言语亲切性下属各指标姿态、语调、动作及微笑进行线性回归分析。由表 3-15 可见,教师的姿态、动作、微笑对小学教师交往行为严格性的影响效力显著(P<0.001)。其中,教师的姿态、动作、语调对小学教师交往行为严格性有着正向影响,教师的微笑则对小学教师交往行为严格性有着负向影响。这一结果表明,教师的姿态、动作、语调能增强教学严格性,教师的微笑则会削弱教学严格性。

4. 教师的微笑、姿态、语调、目光及动作能提升教学交往中的学生自主性

对小学教师交往行为学生自主性与教师非言语亲切性下属各指标姿态、目光、语调、动作及微笑进行线性回归分析。由表 3-15 可见,教师的姿态、目光、语调、微笑及动作对小学教师交往行为学生自主性的影响效力显著(P<0.001)。对小学教师交往行为学生自主性的影响效力依次为教师的微笑、姿态、语调、目光及动作。

表 3-15　教师非言语亲切性各指标对师生关系影响力的影响效力

教师非言语亲切性		微笑	目光关注	姿态自然	语调抑扬	动作交流
影响力	β	0.07	0.13	0.21	0.10	0.10
	t	3.66***	7.22***	11.28***	5.28***	5.66***
	$\triangle R^2$			0.15		
	F			107.78***		
领导力	β	0.16	0.16	0.24	0.16	0.14
	t	9.86***	9.83***	13.63***	9.32***	9.11***
	$\triangle R^2$			0.28		
	F			242.08***		
失控性	β	−0.14	−0.14	−0.27	−0.10	0.04
	t	−8.29***	−8.23***	−14.96***	−5.52***	2.42***
	$\triangle R^2$			0.20		
	F			158.09***		
严格性	β	−0.11		0.07	0.04	0.10
	t	−5.59***		3.24***	1.98*	5.65***
	$\triangle R^2$			0.02		
	F			16.02***		
学生自主性	β	0.16	0.05	0.13	0.13	0.04
	t	8.51***	2.67**	6.85***	6.75***	2.19*
	$\triangle R^2$			0.11		
	F			73.79***		

注：影响效力看β值。

说明：* $p<0.05$；** $p<0.01$；*** $p<0.001$

（三）教师鼓励提问、称呼我们的言语能提升小学师生关系的影响力

对小学师生关系影响力与教师言语亲切性下属各指标联系自身经验举例、称呼我们、交流答疑、鼓励提问、表扬进行线性回归分析。由表 3-16 可知，教师鼓励提问、称呼我们的言语对小学师生关系影响力的影响效力显著。这一结果表明，教师鼓励提问和称呼我们的言语能提升小学师生关系的影响力。

1. 对小学教师交往行为领导力的影响效力依次为教师的鼓励提问、交流答疑、称呼我们、表扬及联系自身经验举例

对小学教师交往行为领导力与教师言语亲切性下属各指标联系自身经验举例、称呼我们、交流答疑、鼓励提问、表扬进行线性回归分析。由表 3-16 可见，教师的鼓励提问、交流答疑、称呼我们、表扬及联系自身经验举例对小学师生关系领导力的影响效力显著。对小学教师交往行为领导力的影响效

力依次为教师的鼓励提问、交流答疑、称呼我们、表扬及联系自身经验举例。

2. 教师鼓励提问、表扬的言语能有效调控课堂失控性，联系自身经验举例的言语能增加课堂失控性

对小学教师交往行为失控性与教师言语亲切性下属各指标联系自身经验举例、称呼我们、交流答疑、鼓励提问、表扬进行线性回归分析。由表 3-16 可知，教师的鼓励提问、表扬对小学教师交往行为失控性影响显著。其中，教师鼓励提问、表扬的言语产生负向影响，联系自身经验举例的言语对小学教师交往行为失控性有着正向影响。这一结果表明，教师鼓励提问、表扬的言语能有效调控课堂失控性，联系自身经验举例的言语能增加课堂失控性。

3. 教师称呼我们、联系自身经验举例的言语能提升教学严格性，教师表扬的言语则会削弱教学严格性

对小学教师交往行为严格性与教师言语亲切性下属各指标联系自身经验举例、称呼我们、交流答疑、鼓励提问、表扬进行线性回归分析。由表 3-16 可见，教师的称呼我们、表扬对小学教师交往行为严格性影响显著。其中，称呼我们、联系自身经验举例的言语对小学教师交往行为严格性有着正向影响，教师表扬的言语则有着负向影响。这一结果表明，教师称呼我们、联系自身经验举例的言语能提升教学严格性，教师表扬的言语则会削弱教学严格性。

4. 对小学教师交往行为学生自主性的影响效力依次为教师鼓励提问、交流答疑、表扬、联系自身经验举例、称呼我们的言语

对小学教师交往行为学生自主性与教师言语亲切性下属各指标联系自身经验举例、称呼我们、交流答疑、鼓励提问、表扬进行线性回归分析。由表 3-16 可见，教师的鼓励提问、交流答疑、称呼我们、表扬及联系自身经验举例对小学教师交往行为学生自主性的影响效力显著。对小学教师交往行为学生自主性的影响效力依次为教师鼓励提问、交流答疑、表扬、联系自身经验举例、称呼我们的言语。

表 3-16 教师言语亲切性各指标对师生关系影响力的影响效力

教师言语亲切性		联系自身经验举例	称呼我们	交流答疑	鼓励提问	表扬
影响力	β	0.02	0.10	0.01	0.18	−0.01
	t	1.24	5.00***	0.52	7.60***	−0.43
	$\triangle R^2$			0.06		
	F			39.65***		
领导力	β	0.05	0.09	0.15	0.28	0.09
	t	3.09**	5.39***	6.88***	13.36***	5.09***
	$\triangle R^2$			0.27		
	F			220.18***		
失控性	β	0.05	0.03	−0.01	−0.24	−0.07
	t	2.77**	1.52	−0.44	−9.99***	−3.16**
	$\triangle R^2$			0.07		
	F			44.52***		
严格性	β	0.11	0.18		0.04	−0.08
	t	5.35***	9.11***		1.64	−3.62***
	$\triangle R^2$			0.04		
	F			28.02***		
学生自主性	β	0.06	0.04	0.15	0.22	0.14
	t	3.60***	2.50**	6.83***	9.82***	7.55***
	$\triangle R^2$			0.22		
	F			174.72***		

注：影响效力看β值。

说明：p<0.05；** p<0.01；*** p<0.001

三、小学师生关系亲密度现状与教师亲切性的关系

为了解小学师生关系亲密度现状与教师非言语亲切性、言语亲切性的关系，对小学师生关系亲密度与教师非言语亲切性、言语亲切性及其各因子进行 pearson 相关与多元回归分析。

（一）小学师生关系亲密度与教师非言语亲切性的关系

对小学师生关系亲密度与教师非言语亲切性及其各下属指标姿态、目光、微笑、语调、动作进行 pearson 相关分析。由表 3-17 可见，教师非言语亲切性及下属指标姿态、目光、微笑、语调、动作与小学师生关系亲密度具有正相关。

1. 姿态自然、目光关注、微笑、语调抑扬、动作交流与小学教师交往行为帮助/友好性、理解性具有正相关

对小学教师交往行为帮助/友好性、理解性与教师非言语亲切性及其各下属指标姿态、目光、微笑、语调、动作进行 pearson 相关分析。由表3-17可

见，教师非言语亲切性及下属指标姿态自然、目光关注、微笑、语调抑扬、动作交流与小学教师交往行为帮助/友好性、理解性具有正相关。

2. 姿态自然、目光关注、微笑、语调抑扬与小学教师交往行为惩戒性、不满性具有负相关

对小学教师交往行为惩戒性、不满性与教师非言语亲切性及其各下属指标姿态、目光、微笑、语调、动作进行 pearson 相关分析。由表 3-17 可见，教师非言语亲切性及下属指标姿态自然、目光关注、微笑、语调抑扬与小学教师交往行为惩戒性、不满性具有负相关。

表 3-17　小学师生关系亲密度与教师非言语亲切性的关系

维度	微笑	目光关注	姿态自然	语调抑扬	动作交流	非言语亲切性
亲密度	0.43**	0.36**	0.44**	0.40**	0.13**	0.57**
帮助/友好性	0.39**	0.31**	0.36**	0.39**	0.21**	0.54**
理解性	0.30**	0.27**	0.33*	0.33**	0.21**	0.47**
惩戒性	−0.30**	−0.21**	−0.33**	−0.28**	−0.04	−0.35**
不满性	−0.32**	−0.26**	−0.27**	−0.22**	−0.00	−0.34**

说明：$p<0.05$；** $p<0.01$；*** $p<0.001$

（二）小学师生关系亲密度与教师言语亲切性的关系

对小学师生关系亲密度与教师言语亲切性及其各下属指标联系自身经验举例、称呼我们、交流答疑、鼓励提问、表扬进行 pearson 相关分析。由表 3-18 可见，教师言语亲切性及下属指标联系自身经验举例、称呼我们、交流答疑、鼓励提问、表扬与小学师生关系亲密度具有正相关。

1. 教师言语亲切性与小学教师交往行为帮助/友好性、理解性呈正相关

对小学教师交往行为帮助/友好性、理解性与教师言语亲切性及其各下属指标联系自身经验举例、称呼我们、交流答疑、鼓励提问、表扬进行 pearson 相关分析。由表 3-18 可见，教师言语亲切性及下属指标联系自身经验举例、称呼我们、交流答疑、鼓励提问、表扬与小学教师交往行为帮助/友好性、理解性具有正相关。

2. 教师言语亲切性与小学教师交往行为惩戒性、不满性呈负相关

对小学教师交往行为惩戒性、不满性与教师言语亲切性及其各下属指标联系自身经验举例、称呼我们、交流答疑、鼓励提问、表扬进行 pearson 相关分析。由表 3-18 可见，教师言语亲切性及下属指标联系自身经验举例、称呼我们、交流答疑、鼓励提问、表扬与小学教师交往行为惩戒性、不满性呈负相关。

表 3-18 小学师生关系亲密度与教师言语亲切性的关系

	联系自身经验举例	称呼我们	交流答疑	鼓励提问	表扬	言语亲切性
亲密度	0.25**	0.20**	0.50**	0.57**	0.45**	0.57**
帮助/友好性	0.34**	0.30**	0.55**	0.58**	0.50**	0.64**
理解性	0.31**	0.26**	0.50**	0.56**	0.48**	0.59**
惩戒性	−0.11**	−0.06**	−0.25**	−0.32**	−0.29**	−0.30**
不满性	−0.03	0.02	−0.23**	−0.25**	−0.24**	−0.21**

说明：$p<0.05$；** $p<0.01$；*** $p<0.001$

四、教师亲切性对小学师生关系亲密度的影响效力

(一)教师言语亲切性与非言语亲切性对小学师生关系亲密度的影响效力大

对小学师生关系亲密度与教师言语亲切性、非言语亲切性维度进行线性回归分析。由表 3-19 可见，教师言语亲切性对小学师生关系亲密度的影响效力是 0.38，非言语亲切性对小学师生关系亲密度的影响效力是 0.37。这一结果表明，教师言语亲切性与非言语亲切性对小学师生关系亲密度的影响效力大。

1. 教师言语亲切性比非言语亲切性对小学教师交往行为帮助/友好性正向影响效力大

对小学教师交往行为帮助/友好性与教师言语亲切性、非言语亲切性维度进行线性回归分析。由表 3-19 可见，教师言语亲切性对小学教师交往行为帮助/友好性的影响效力是 0.49，非言语亲切性对小学教师交往行为帮助/友好性的影响效力是 0.28。这一结果表明，教师言语亲切性比非言语亲切性对小学教师交往行为帮助/友好性的影响效力大。

2. 教师言语亲切性比非言语亲切性对小学教师交往行为理解性正向影响效力大

对小学教师交往行为理解性与教师言语亲切性、非言语亲切性维度进行线性回归分析。由表 3-19 可见，教师言语亲切性对小学教师交往行为理解性的影响效力是 0.48，非言语亲切性对小学教师交往行为理解性的影响效力是 0.21。这一结果表明，教师言语亲切性比非言语亲切性对小学教师交往行为理解性的影响效力大。

3. 教师言语亲切性比非言语亲切性对小学教师交往行为惩戒性负向影响效力小

对小学教师交往行为惩戒性与教师言语亲切性、非言语亲切性维度进行线性回归分析。由表 3-19 可见，教师言语亲切性对小学教师交往行为惩戒性的影响效力是－0.16，非言语亲切性对小学教师交往行为惩戒性的影响效力是－0.26。这一结果表明，教师言语亲切性比非言语亲切性对小学教师交往行为惩戒性负向影响效力小。

4. 教师言语亲切性比非言语亲切性对小学教师交往行为不满性负向影响效力小

对小学教师交往行为不满性与教师言语亲切性、非言语亲切性维度进行线性回归分析。由表 3-19 可见，教师言语亲切性对小学教师交往行为不满性的影响效力是－0.05，非言语亲切性对小学教师交往行为不满性的影响效力是－0.31。这一结果表明，教师言语亲切性比非言语亲切性对小学教师交往行为不满性负向影响效力小。

表 3-19　教师亲切性对小学师生关系亲密度的影响效力

教师亲切性		非言语亲切性	言语亲切性
亲密度	β	0.37	0.38
	t	23.15***	23.68***
	$\triangle R^2$	0.43	
	F	1156.53***	
帮助/友好性	β	0.28	0.49
	t	18.23***	31.66***
	$\triangle R^2$	0.47	
	F	1341.33***	
理解性	β	0.21	0.48
	t	12.77***	28.92***
	$\triangle R^2$	0.39	
	F	959.65***	
惩戒性	β	－0.26	－0.16
	t	－13.17***	－8.22***
	$\triangle R^2$	0.14	
	F	245.43***	
不满性	β	－0.31	－0.05
	t	－15.53***	－2.57***
	$\triangle R^2$	0.12	
	F	200.23***	

注：影响效力看 β 值。

说明：p＜0.05；** p＜0.01；*** p＜0.001

(二)对小学师生关系亲密度的影响效力依次为教师的微笑、姿态自然、语调抑扬、目光关注及动作交流等非言语行为

对小学师生关系亲密度与教师非言语亲切性下属各指标微笑、目光、姿态、语调及动作进行线性回归分析。由表 3-20 可见,对小学师生关系亲密度的影响效力依次为微笑、姿态自然、语调抑扬、目光关注及动作交流。其中,教师微笑的影响效力为 0.28,教师姿态自然的影响效力为 0.24,教师语调抑扬的影响效力为 0.21,教师目光关注的影响效力为 0.17,教师动作交流的影响效力为 0.02。

1. 对小学教师交往行为帮助/友好性的正向影响效力依次为教师的微笑、语调抑扬、姿态自然、目光关注及动作交流等非言语行为

对小学教师交往行为帮助/友好性与教师非言语亲切性下属各指标姿态、目光、语调、动作及微笑进行线性回归分析。由表 3-20 可见,对小学教师交往行为帮助/友好性的影响效力依次为教师的微笑、语调抑扬、姿态自然、目光关注及动作交流等非言语行为。

2. 对小学教师交往行为理解性的正向影响效力依次为教师的语调抑扬、微笑、姿态自然、目光关注及动作交流等非言语行为

对小学教师交往行为理解性与教师非言语亲切性下属各指标姿态、目光、语调、动作及微笑进行线性回归分析。由表 3-20 可见,对小学教师交往行为理解性的影响效力依次为教师的语调抑扬、微笑、姿态自然、目光关注及动作交流等非言语行为。

3. 对小学教师交往行为惩戒性的负向影响效力依次为教师的姿态自然、微笑、语调抑扬、目光关注等非言语行为

对小学教师交往行为惩戒性与教师非言语亲切性下属各指标姿态、微笑、语调、目光进行线性回归分析。由表 3-20 可见,对小学教师交往行为惩戒性的负向影响效力依次为教师的姿态自然、微笑、语调抑扬、目光关注等非言语行为。

4. 对小学教师交往行为不满性的负向影响效力依次为教师的微笑、目光关注、姿态自然、语调抑扬等非言语行为

对小学教师交往行为不满性与教师非言语亲切性下属各指标姿态、微笑、语调、目光进行线性回归分析。由表 3-20 可见，对小学教师交往行为不满性的负向影响效力依次为教师的微笑、目光关注、姿态自然、语调抑扬等非言语行为。

表 3-20 教师非言语亲切性各指标对小学师生关系亲密度的影响效力

教师非言语亲切性		微笑	目光关注	姿态自然	语调抑扬	动作交流
亲密度	β	0.28	0.17	0.24	0.21	0.02
	t	18.71***	10.93***	14.95***	12.98***	1.24
	$\triangle R^2$			0.37		
	F			364.75***		
帮助/友好性	β	0.25	0.13	0.16	0.22	0.12
	t	15.66***	8.26***	9.58***	13.07***	7.74***
	$\triangle R^2$			0.31		
	F			269.25***		
理解性	β	0.17	0.13	0.16	0.18	0.12
	t	9.99***	7.31***	8.93***	10.36***	7.43***
	$\triangle R^2$			0.22		
	F			173.72***		
惩戒性	β	−0.21	−0.07	−0.23	−0.15	
	t	−11.99***	−4.18***	−12.37***	−8.29***	
	$\triangle R^2$			0.20		
	F			150.25***		
不满性	β	−0.23	−0.15	−0.15	−0.09	
	t	−13.14***	−8.41***	−8.06***	−4.99***	
	$\triangle R^2$			0.17		
	F			126.78***		

注：影响效力看 β 值。

说明：$p<0.05$；** $p<0.01$；*** $p<0.001$

（三）教师的鼓励提问、交流答疑、表扬等言语能增进小学师生关系亲密度，而称呼我们的言语却削弱了亲密性

对小学师生关系亲密度与教师言语亲切性下属各指标联系自身经验举例、称呼我们、交流答疑、鼓励提问、表扬进行线性回归分析。由表 3-21 可见，教师的鼓励提问、交流答疑、表扬对小学师生关系亲密度具有正向影响，称呼我们对师生关系亲密度具有负向影响。对小学师生关系亲密度的影响效力依次为教师的鼓励提问、交流答疑、表扬、联系自身经验举例及称呼我们。

其中，教师鼓励提问的影响效力为0.36，教师交流答疑的影响效力为0.20，教师表扬的影响效力为0.10，教师联系自身经验举例的影响效力为0.01，而教师称呼我们的影响效力为－0.05。这一结果表明，教师的鼓励提问、交流答疑、表扬等言语能增进小学师生关系亲密度，而称呼我们的言语却削弱了亲密性。

1. 对小学教师交往行为帮助/友好性的正向影响效力依次为教师的鼓励提问、交流答疑、表扬、联系自身经验举例、称呼我们等言语

对小学教师交往行为帮助/友好性与教师言语亲切性下属各指标联系自身经验举例、称呼我们、交流答疑、鼓励提问、表扬进行线性回归分析。由表3-21可见，教师的联系自身经验举例、称呼我们、交流答疑、鼓励提问及表扬对小学教师交往行为帮助/友好性影响显著。对小学教师交往行为帮助/友好性的影响效力依次为教师的鼓励提问、交流答疑、表扬、联系自身经验举例、称呼我们等言语。其中，教师的联系自身经验举例、称呼我们、交流答疑、鼓励提问、表扬等言语对小学教师交往行为帮助/友好性的影响效力依次为0.09、0.06、0.22、0.31、0.17。

2. 对小学教师交往行为理解性的正向影响效力依次为教师的鼓励提问、交流答疑、表扬、联系自身经验举例、称呼我们等言语

对小学教师交往行为理解性与教师言语亲切性下属各指标联系自身经验举例、称呼我们、交流答疑、鼓励提问、表扬进行线性回归分析。由表3-21可见，教师的鼓励提问、联系自身经验举例、交流答疑、表扬对小学教师交往行为理解性影响显著。对小学教师交往行为理解性的影响效力依次为教师的鼓励提问、交流答疑、表扬、联系自身经验举例、称呼我们等言语。其中，教师的联系自身经验举例、称呼我们、交流答疑、鼓励提问、表扬等言语对小学教师交往行为理解性的影响效力依次为0.08、0.03、0.21、0.34、0.13。

3. 教师鼓励提问、表扬、交流答疑的言语能有效调控小学教师交往行为的惩戒性，而称呼我们的言语则增强惩戒性

对小学教师交往行为惩戒性与教师言语亲切性下属各指标联系自身经

验举例、称呼我们、交流答疑、鼓励提问、表扬进行线性回归分析。由表 3-21 可见，教师的称呼我们、鼓励提问、交流答疑及表扬对小学教师交往行为惩戒性影响显著。其中，教师鼓励提问、表扬、交流答疑的言语负向影响交往的惩戒性；而称呼我们的言语正向影响交往的惩戒性。由此可见，教师鼓励提问、表扬、交流答疑的言语能有效调控小学教师交往行为的惩戒性，而称呼我们的言语则增强惩戒性。

4. 教师鼓励提问、表扬、交流答疑的言语能有效调控小学教师交往行为的不满性

对小学教师交往行为不满性与教师言语亲切性下属各指标交流答疑、鼓励提问、表扬进行线性回归分析。由表 3-21 可见，教师鼓励提问、表扬、交流答疑的言语负向影响小学教师交往行为的不满性。

表 3-21 教师言语亲切性各指标对小学师生关系亲密度的影响效力

教师言语亲切性		联系自身经验举例	称呼我们	交流答疑	鼓励提问	表扬
亲密度	β	0.01	−0.05	0.20	0.36	0.19
	t	0.87	−3.00**	10.53***	18.43***	11.24***
	$\triangle R^2$			0.39		
	F			384.13***		
帮助/友好性	β	0.09	0.06	0.22	0.31	0.17
	t	6.04***	3.74***	11.57***	16.30***	10.62***
	$\triangle R^2$			0.43		
	F			450.55***		
理解性	β	0.08	0.03	0.21	0.34	0.13
	t	4.82***	1.66	10.13***	17.14***	7.73***
	$\triangle R^2$			0.37		
	F			364.32***		
惩戒性	β	0.02	0.09	−0.06	−0.25	−0.17
	t	1.23	4.77***	−2.71**	−10.65***	−8.21***
	$\triangle R^2$			0.14		
	F			95.21***		
不满性	β			−0.14	−0.20	−0.10
	t			−6.03***	−8.37***	−5.08***
	$\triangle R^2$			0.10		
	F			71.18***		

注：影响效力看 β 值。

说明：$p<0.05$；** $p<0.01$；*** $p<0.001$

第四章

小学师生关系影响力与亲密度现状的解释分析和提升策略

对小学师生关系影响力和亲密度现状的调查结果进行解释分析，进一步提出提升小学师生关系影响力和亲密度的策略，以建立可敬可亲的小学师生关系。

第一节　小学师生关系影响力与亲密度现状的解释分析

运用文献法，对本书的调查结果与已有研究成果进行比较。采用解释现象学分析，对研究重点关注的对象进行目的性访谈，聚焦参与者群体共同认同的观点，对小学师生关系影响力与亲密度现状进行解释分析。

一、小学师生关系影响力现状的解释分析

（一）教师教学交往行为领导力现状的解释分析

前文的调查结果表明，小学教师教学交往行为的领导力较强，教师上课的自信性、引导性、清晰度、洞察力较强，教师激情相对不够。其中，教师对女生较多领导，对二年级和六年级学生领导力较强，对班级干部的领导力较强，人文类学科教师领导力较强。

(1)小学生势力弱和向师性是教师教学交往行为领导力较强的学生因素。进一步对教师进行访谈,教师认为,小学生独立自觉性尚差,注意力不够集中,幼稚和依赖性明显,在生活、学习等方面,都需要成人监护和具体指导,导致小学教师教学交往行为领导力较强。受中国传统文化的影响,女生较为遵从教师,使得教师对女生领导力量较强;小学低年级学生对教师依赖性大,六年级学生对教师的领导较为支持,因此,教师对二年级和六年级学生领导力较强;班级干部较为支持与配合教师的领导,致使教师对班级干部的领导力较强;人文类课程在小学课程中所占比重较大,对学生有着重要影响,因此人文类学科教师领导力较强。

(2)教师的教学专业素养较高是教师教学交往行为领导力较强的教师因素。进一步对学校教育管理人员展开访谈,多位校长谈到,现在中国小学教师专业素养较好,受过专业的高等师范教育,文化素养全面。教师经过激烈的招聘考试竞争才脱颖而出,他们的教学基本功扎实,教学交往能力和语言表达能力都较强,因此他们的教学交往领导力较强。

(3)社会转型期功利主义价值取向致使部分教师教育激情缺乏。访谈教育专家,有专家谈到,当代中国处于社会转型期,受功利主义价值观的影响,部分教师缺乏教育信仰,缺少教育情怀,教学激情不够。师德涵养是一项系统工程,教育行政部门和学校应切实将师德放在第一位,强化师德养成教育,做到师德教育有引导,有制度,有管理,有考核。

(二)教师教学交往行为失控性的解释分析

前文的调查结果表明,小学教师教学交往行为的失控性较低,教师上课的不连贯性、出错率、逻辑混乱以及学生不遵守纪律等情况均不多。其中,小学六年级失控性较低,科学类学科教师教学失控性较强。

(1)教师对学生的高权威性是教师教学失控性较低的教师因素。进一步对教师、教育管理人员进行访谈,他们认为:一是老师是课堂教学的主导者,具有制度权威性;二是部分有经验的老师有较强调控课堂的能力,具有较高的专业权威性;三是小学教师对于学生具有较高的知识权威性。科学类学科相对于人文类学科在课程设置中比重要低一些,相对于艺体类学科趣味性要弱一些,从而导致科学类学科教师教学失控性较强。通过课堂观察,发现科学类课堂纪律相对差一些。小学六年级学生课堂自我控制力显著增强，课堂失控性较低。

(2)教学评价重外显的教学组织管理是教师教学失控性较低的制度因素。进一步对教师、教育管理人员展开调研，他们认为师范教育重视教师的学科素养，小学偏重于教师的教学组织掌控能力。教育行政部门将教师的课堂教学作为教师职务升迁的重要指标，课堂教学评价重教师的教，重外显的教学组织管理，因而，教师的教学能力较强，组织管理掌控能力较强，课堂管得住，课堂纪律不乱。

(三)教师教学交往行为严格性的解释分析

前文的调查结果表明，小学教师教学交往行为的严格性一般，教师对上课保持课堂安静严格性要求较高，对作业严格性要求尚可，考试难度较低。其中，教师对六年级学生要求更为严格，人文类学科教师较为严格，艺体类学科教师严格性较弱。

(1)中国传统的师道尊严观念促使教学要求较为严格。进一步对家长进行采访，家长认为中国传统教育强调“师道尊严，严师出高徒”，社会对教学严格有较高的期待。课堂教学是教师的主阵地，课堂纪律是学校评价教师外显的教学组织管理的重要指标，教师重课堂纪律，强调学生上课时要保持安静。因此，教师对上课保持安静有较为严格的要求。六年级学生面临小升初的压力，教师对他们有更为严格的要求。相对于科学类学科，人文类学科的学习难度较大，因而教师要求严格一些，对艺体类学科的要求则会弱一些。

(2)教师对辅导学生作业和作业批改的不尽责导致教师对作业严格性要求一般。进一步访问家长，家长认为部分教师对辅导学生作业和作业批改不尽责。部分教师辅导学生作业不认真、批改作业马虎，甚至有批改错误的现象。有些教师将辅导学生作业和批改作业的任务推给家长，而有的家长则将孩子送往辅导机构，把责任推给辅导机构。学生认为教师对作业要求的严格性一般，作业要求不够高。

(3)家长对学生课业的高期待、教育内卷的压力致使学生觉得考试难度不大。进一步探访家长，家长对学生课业的高期待、教育内卷的压力使得家长对学生的课业要求增高，课内外辅导增多，学生主干课程考试成绩较高，从而导致学生认为考试难度不大。

(四)教师教学交往行为学生自主性的解释分析

前文的调查结果表明,小学教师教学交往行为的学生自主性不够,教师较为尊重学生,给学生较多表现的机会,但是课堂上学生自行决定不够,学生自由支配的时间不多,学生较少能影响教师,较少能做无关的事。教师给予六年级学生和班级干部更多的自主性,人文类学科教师进行教学时学生自主性较强。

(1)在学生为本的教育理念下,教师尊重学生,给学生较多表现的机会。访谈教师和学生,结果表明,在学生为本的教育理念下,教师尊重学生,给学生较多表现的机会,学生自主学习,开展活动,成为自我活动的主体。随着学生年级的增长,自主性的提高,教师给予六年级学生更多的自主性。班级干部自主性较强,教师在教学中也予以学生更多的自主空间。

(2)教师权威主义导致学生自主权不够。采访教育专家,专家认为受教师权威主义的影响,教师主导课堂,导致在课堂教学中学生自行决定不够,学生自由支配的时间不多,学生较少能影响教师,较少能做无关的事。

二、小学师生关系亲密度现状的解释分析

(一)教师教学交往行为帮助/友好性的解释分析

前文的调查结果表明,小学教师在教学交往中乐于帮助学生,对学生较为友好。但教师的幽默感一般,不大开玩笑。其中,教师给予女生、班级干部更多的帮助,与他们相处也更为友好;人文类学科教师比科学类学科教师给予学生更多的帮助。

(1)教师良好的专业素养是教师在教学交往中乐于帮助学生,对学生较为友好的重要因素。探访教师和教育管理人员,结果表明,经过系统的职前专业教育、严格的入职考核、正规的职后继续教育,小学教师群体的专业素养较高,教学交往能力较强。在教学交往中,教师乐于帮助学生,能与学生友好相处。此外,受中国传统师道尊严的影响,教师较为严肃,在教学交往中不爱开玩笑,不够幽默。

(2)部分教师关怀素养的缺失是他们的教学交往行为较少帮助、友爱学生的原因。当下师生关系存在功利化、淡漠化、单向化等问题。主要体现为教师在教学交往中重知识传授,轻情感关怀,缺乏理解与对话,存在单向度的偏执"关切"。因此,在关怀伦理学视域下重建师生关系,应树立正确的教育观念,提升教师关怀素养,注重情感关怀,加强理解与对话,构建双向付出的关切关系。此外,相比于科学类学科教师,人文类学科教师的关怀素养要高一些,他们在教学交往中能给予学生更多的帮助。

(3)小学生对教师关爱的期待使得教师对学生较为友好,乐于帮助学生。研究表明,小学生从家庭进入学校,儿童与父母的亲密交往经验为他们对待师生关系提供一种指引和规范性模式,构成其处理师生关系的内在意识前提,使他们对教师的关爱充满期待。在师生面对面交往中,稚弱的儿童将对教师关爱的期待,通过身体和面部表情毫无保留地传递给教师,致使教师在教学交往中较为友好,乐于帮助学生。①

(4)小学生对教师的依恋促使小学教师给予他们较多的帮助,与他们友好相处。访问教师和教育管理人员,结果表明,小学生独立性不够,对教师较为依恋,促使教师在教学交往中给予他们较多的帮助,与他们友好相处。而在交往中女生对教师表现出更多的依恋,使得教师在与女生交往时予以更多的帮助、表现友好。对于作为班级工作组织者的班级干部,教师表现出更多的帮助与友好。

(二)教师教学交往行为理解性的解释分析

前文的调查结果表明,小学教师在教学交往中大多表现出理解学生。教师大多能倾听学生的心声,较为信任学生,对学生较有耐心,也能接受不同的意见。其中,教师对女生、班级干部以及高年级学生表现出更多的理解,人文类学科教师师生关系较为友好。

(1)教帅的教学交往能力是教师大多能理解学生的重要因素。访谈教师和教育管理人员,他们认为小学教师普遍接受过系统的专业教育,教学交往

---

① 汪昌华:《师生互动关系形成机制与建构策略》,《北京教育学院学报(社会科学版)》,2017年第1期。

能力较强，大多热爱学生，对学生有耐心，具有较强的移情能力。在教学交往中，教师大多能倾听学生的心声，较为信任学生，对学生较有耐心，也能接受不同的意见。

(2)小学生的向师性是教师在教学交往中表现出更多理解性的重要因素。采访教师和教育管理人员，结果表明，小学生具有较强的向师性，对教师较为崇拜，在他们心中，教师有着很高的威信。因此，在教学交往中，教师能理解学生。其中，女生表现出更强的向师性、班级干部是班级工作的组织管理者、教师较为尊重高年级学生，因此，教师在教学交往中对女生、班级干部和高年级学生表现出更多的理解。

(三)教师教学交往行为惩戒性的解释分析

前文的调查结果表明，小学教师在教学交往中较少惩戒学生。具体表现为，教师较少对学生发火、生气、急躁、没耐心，较少责罚和嘲讽挖苦学生。其中，教师在教学交往中对女生、班级干部、高年级学生表现出更少的惩戒。

(1)师生社会地位与文化的差异是教师实施惩戒行为的根源。相关研究表明，教师惩戒根源于师生社会地位与文化的差异，即社会文化的传递者与学习者、教师的规范性文化与学生的需求性文化之间的差异。① 由于师生社会地位与文化的差异致使双方处于公开的直接的对立状态。② 美国学者沃勒（W. Waller)认为，师生关系属于制度化的权威与服从关系，师生的交往互动在很大程度上带有一定的强制性，相互之间存在潜在的对立与冲突；③苏联学者阿莫纳什维利曾经反对教育工作中的权力主义与强制性，提出要重视学生的人格尊严。④ 同时，我国学者研究表明，教师的惩戒可能伴随学生不再相信教师权威的合法性，以及学生情绪与言行的对立。⑤

---

① 吴康宁：《教育社会学》，北京：人民教育出版社，1998 年，第 257 页。

② 田国秀：《师生冲突的概念界定与分类探究——基于刘易斯·科塞的冲突分类理论》，《教师教育研究》，2003 年第 6 期。

③ 陈奎喜：《教育社会学》，台北：三民书局，1980 年，第 33 页。

④ 阿莫纳什维利著，朱佩荣译：《合作教育学的基本原理》，《外国教育资料》，1990 年第 5 期。

⑤ 汪昌华：《中小学师生冲突关系的形成机制与消解策略》，《教育研究》，2016 年第 2 期。

(2)师生平等的契约关系下的权利冲突是教师实施惩戒行为的诱因。受现代社会分工和拜金主义思潮的影响,教师被视为一种谋生的职业,教师向学生传授知识以获取报酬,师与生的关系只是为了实现各自的自然欲望而形成的平等的契约关系。师生双方都拥有平等的权利以及满足这些权利的权利,这就潜藏着教师为了追求权利的满足而走向惩戒的风险;师生各自除承担应尽的义务之外,不会承担任何额外的责任,从而使师生关系缺乏应有的关爱、温情与和谐。受这一师生关系观的影响,教师在教学交往中会出现惩戒行为,师生平等的契约关系下的权利冲突是教师实施惩戒行为的诱因。

(3)适度的惩戒有助于提升教师在教学交往中的影响力。访谈教育专家,多位专家认为适度的惩戒有助于提升教师在教学交往中的影响力。“合理的惩罚往往会被解释为教师对学生的善意、爱和尊重”,惩罚“可能比那种无条件放任学生的抽象的人道主义更加‘人道’”。[①] 惩戒是在教学中教师基于教育自由、尊重、信任对学生的违规行为进行纠正和管制,以使他们改正和警诫的专业行为。教师惩戒的目的在于“规训”与“教化”,规约学生的行为,激发他们的善意与潜能,使学生由“罪与罚”转换为“德与制”,由外在惩戒转化为内在德行。[②]适度的惩戒有助于维护教师的教学权威,提升教师在教学交往中的影响力。

(4)适度的惩戒能有效规约小学生的行为。“众所周知,任何一种社会活动都是以制度所提供的规则作为其前提的,这种规则包含着整体社会系统对于具体社会过程的需要,规限着具体社会活动的过程”。[③] 社会规则既整合社会又控制个体,它对符合社会规则的行为予以肯定或褒奖,对违反社会规则的行为加以否定或限制,从而把个体的意志与行为控制在社会规则之中,培养人们对规则的遵从意识与能力。之所以要规约人的行为,是因为“未受培养的人是生蛮的,未受规训的人是野性的”,[④]因此,对于教师而言,正确地、有目的地使用惩戒是非常重要的。

---

① 檀传宝:《论惩罚的教育意义及其实现》,《中国教育学刊》,2004 年第 2 期。

② 张鹏君:《规训与惩教:教师惩戒权立法的教育反思》,《教育发展研究》,2021 年第 4 期。

③ 吴康宁主编:《课堂教学社会学》,南京:南京师范大学出版社,1999 年,第 31 页。

④ [德]康德著,赵鹏等译:《论教育学》,上海:上海人民出版社,2005 年,第 3 页。

一些小学教师认为：小学生心智尚不成熟，自控力差，缺乏正确的是非观，在日常学习、生活中必然会出现不规范或者错误的行为，许多小的行为都需要教师去矫正。教师一味的说服教育与激励很难达到理想的效果，而适度的惩罚，如采取为班级义务劳动、罚抄作业、剥夺竞选班干部权利等方式，则可能更容易使他们意识并改正错误、规约行为、增强责任心。因此，惩罚对于小学生的积极导向意义可能更加明显。

(5)良好的课堂教学常规是教师惩戒性较低的重要因素。对教师和教育管理人员进行调研，他们认为，小学课堂教学常规较好，学生遵守课堂纪律，教师能尊重学生，较少对学生发火、生气、急躁、没耐心，较少责罚和嘲讽挖苦学生。其中，女生、班级干部、高年级学生能更好地遵守课堂纪律，因而教师在教学交往中对女生、班级干部、高年级学生更少地采用惩戒。

(四)教师教学交往行为不满性的解释分析

前文的调查结果表明，教师在教学交往中较少对学生不满。具体表现为教师较少认为学生会作弊、不懂、做不好，较少不信任学生，也会批评学生，对学生在课堂上做无关的事较为不满。其中，在教学交往中，教师对女生、班级干部、高年级学生表现出较少的不满。

(1)功利主义价值观下师生情感的淡漠是在教学交往中引起师生不满的社会因素。访谈教育专家，多位教育专家指出，在传统实用理性价值观和西方功利主义价值观的双重影响下，学校、家庭和社会的教育较为功利，忽视学生的全面发展，部分教师权威开始消解，教师和学生交往时情感淡漠。在学习焦虑和师生情感淡漠的情况下，师生之间的问题有时会导致教师和学生的抵触、不满。小学女生、班级干部和高年级学生的交流沟通能力较强，教师对他们表现出较少的不满。

(2)学生较为全面的素质是教师较少不满学生的重要因素。寻访教师和教育管理人员，他们普遍认为，随着素质教育的深入推进，小学生在知识掌握和行为习惯养成等方面的整体素质良好，教师较少认为学生会作弊、不懂、做不好，较少不信任学生。女生、班级干部、高年级学生在学习常规方面表现可能更好一些，教师在教学交往中对他们表现出较少的不满。

(3)教师主导课堂的价值取向使教师对学生做无关的事较为不满。多数教师和教育管理人员认为，受传统教育思想的影响，大部分教师具有主导课堂的价值取向，他们重课堂管理的整齐划一，强调外显的高效，不注重学生自身真正的生命成长，他们对学生做无关的事较为不满。

第二节　小学师生关系影响力的提升策略

对小学师生关系影响力、亲密度的调查与解释分析，可以让我们更清晰地认识小学师生关系，给建立可敬可亲的小学师生关系以启示，有利于日常教育教学活动的开展。

一、教师教学交往行为领导力的提升策略

前文的调查结果表明，小学教师教学交往行为的领导力较强，教师上课的自信性、引导性、清晰度、洞察力较强，教师激情相对不够。进一步访谈结果表明，小学生的向师性和势力弱、教师的教学专业素养、社会转型期功利主义价值取向等是教师教学交往行为领导力形成的主要因素。依据调查结果，提出教师教学交往行为领导力的提升策略。

(一)开展教师专业发展活动，增进教学自信

加拿大学者皮尔斯(Pearce, K)指出，教师教学交往行为领导力是一种技能，核心是增加个人教学领导的知识、提升相关技能，开展教师专业发展活动是提升教师领导力的重要方式。[①]“为澳大利亚而教”(Teach for Australia)组织开展的领导力发展计划将教学交往能力视为教师领导力的核心，他们通过专家辅导、在线学习、同侪互助和反馈等专业发展活动，指导团队成员改进教学，培养团队的高期望值和成长心态，促进他们教学交往实践能力和反思性教学能力的发展。

教学的自信是指教师对自己有能力成功地完成特定教学活动的信任程

① Pearce K., “Creating Leaders through the Teacher Learning and Leadership Program”, *Educational Forum*, 2015, 79(1): 46～52.

度的心理特性。[①] 教学的自信作为教师一种重要的心理特点，对教师的教学影响巨大，在具体的教学中教师要不断提高自身的业务水平。首先，教学时要紧扣教学目标，减少教学的盲目性，久而久之，教师的自信心就会增强；其次，教学时要注重与学生的互动，课堂上与学生开展平等的交流，有利于良好师生关系的建立，增进教学自信。

教学课例 1

教师通过《山行》提升教学自信

《山行》是部编版语文教材三年级上册的一首古诗。它描绘了诗人在山中行走时所看到的景象，诗人被漫山遍野的枫叶所吸引，便用简洁生动的语言描摹出秋景之美，表达了诗人对深秋景色的热爱和赞美之情。

在教学过程中教师抓住“品评古诗的意境美”这一教学目标，首先通过听读、领读、品读等方式带领学生感受古诗语言的韵律美，并且在品读中着重抓住“白云”“寒山”“霜叶”等景物意象指导学生品评古诗的意境美，最后通过播放视频进一步促进学生情感升华。本节课运用的教学方法主要是问答法，通过问答，增加了师生的互动，教师和学生在教学中相互提问，分别作答，相互评价，从而实现了二者间的平等对话。

（二）激发教学激情，增强课堂感染力

教学是一种充满激情的事业，需要教师全身心地投入，激情不仅是教师工作的灵魂，也是教师高度责任感的体现。[②] 对于教学来说，教师充满教学激情能够激发学生的学习兴趣。首先，教师不仅要情绪平稳、饱满，而且要善于调节自己的情绪，不能因为个别学生的不恰当行为而使自己的情绪受影响，教学过程中还要学会抓住时机，做到以情激情；其次，教师要把控好自己的语速和语言节奏，做到快慢适宜、起伏有致、抑扬顿挫，只有这样教师的教学才能曲折起伏、跌宕有致，才能富于变化、引人入胜，充满激情。

---

① 郑友训：《教学的自信：教师走向成功的必备品质》，《教育发展研究》，2006 年第 14 期。

② 夏绍能：《试论教师的教学激情》，《教育理论与实践》，2012 年第 20 期。

教学课例 2

《伯牙鼓琴》一课教师教学激情的展现

《伯牙鼓琴》是部编版语文教材六年级上册的一篇文言文，课文共四句话，分两个部分。第一部分描绘了伯牙与钟子期“高山流水遇知音”，第二部分表达了伯牙失去知音的悲痛。本文行文简洁流畅，讲述了千古流传的高山流水遇知音的故事。古人云：“士为知己者死。”伯牙鼓琴之所以广为流传，正是由于这种知音难觅。

上述案例中文言文的朗读与理解对于学生而言有一定难度，本文虽然只有短短83个字，但要掌握好节奏，读出古文的韵味，读出情感的变化还是比较难的，所以就需要教师的示范引导。本堂课老师始终以饱满的激情、抑扬顿挫的语调，带给学生极大的感染力。当学生读不出“乎”的韵味或是读不出高山流水的磅礴气势时，老师不是用过多的文字描述来教他们怎么读，而是耐心地一遍遍让他们跟着自己读，学生瞬间被带入朗读的氛围中，越读越有味，越读越陶醉。整节课，学生们紧随老师的节奏，或喜或悲，完全融入课文之中。

(三)关注学生行为，提升教师洞察力

教师教学洞察力的形成离不开课堂教学实践。“洞察力是教师课堂信息加工能力的重要认知成分，在课堂信息编码和进一步的认知加工过程中扮演着重要角色”。[①] 在教学过程中教师要注意观察学生的眼神、表情、动作等变化，以感知学生的心理状态；同时，发现教学情境中存在的问题后，教师要立即采取具体措施，通过这样的实际锻炼，教师的洞察力就会得到有效提升。

教学课例 3

教师通过《操场上》提升自身洞察力

《操场上》是部编版语文教材一年级下册的一篇识字课文，本课以体育活动为主题，由一幅图、六个词语和一首儿歌组成。六个词语都属于

① 张学民、申继亮、林崇德：《小学教师选择注意与洞察力对课堂信息知觉的影响》，《心理发展与教育》，2002年第3期。

体育活动，前三个词语与手有关，后三个词语与脚有关。儿歌描绘了下课后同学们在操场上活动的情景，告诉学生们参加体育活动可使身体更加强壮，激发他们参加体育锻炼的兴趣。

在《操场上》一课的教学中，老师关注每一位学生，及时发现他们在学习过程中出现的各种问题。对注意力不够集中的学生，用动作和语言加以提醒；对回答问题有困难的学生，引导其他同学予以帮助。课堂上教师始终密切关注学生的学习状态，为课堂教学目标的实现提供了保障。

（四）加强师德修养，提高道德感召力

教师的道德感召力来自于学生对他们的倾慕和爱戴，其基础是教师的个人魅力，包括教师的人格品质、道德行为修养等。它是教师领导力内生的关键。

提高教师的道德感召力应从以下方面入手。第一，完善教师的人格品质。教师是学生在社会化过程中的榜样和楷模，是学生人生观、价值观形成的参照。这种在言传身教中展现的权威能让学生从情感上认同，从内心里敬佩，在行动上产生趋向性。人格高尚的教师会对学生产生强劲的辐射力和同化力，唤醒他们的情意力量，点燃他们的求知欲望，从而达到学生自我管理和高效自学的境界。教师个体的人格魅力在感召学生的同时，也使他们赢得了学生的尊重和信赖，从而增强了教师的权威。只有赢得学生的尊重，征服学生的心，才能从根本上提升教师非权力的影响力。

第二，加强教师的师德修养。师德修养主要体现在对教育事业的无限热爱，对学生的关爱，对工作的态度诚恳和对一切事物求真的用心。加强师德修养能提高教师的道德感召力。首先，教师要加强道德自律。明确“教书育人”是师德规范的基本要素之一，也是教师职业道德的必备素质。教与学在本质上是教师的价值引导与学生自主建构的有机结合和统一，是教师对学生学习活动的正确引导、科学组织和有效规范。其次，教师要做到热爱学生、工作负责、公正无私、人格高尚，在工作中渗透道德热情，当学生主动接受教师的教育影响时，教师权威就自然确立了，它是学生发自内心的对教师教育信念、教学艺术、人格魅力的认可、内化和尊敬。

二、教师教学交往行为失控性的调控策略

前文的调查结果表明，小学教师教学交往的失控性较低，教师上课较少不连贯、出错、逻辑混乱以及学生不遵守课堂纪律。进一步访谈结果表明，教师的高权威性和课堂教学评价重教学组织管理是教学失控性较低的主要因素。依据调查结果，提出教师教学交往行为失控性的管理策略。

（一）提升教学专业素养，避免教学出错

成功的教学离不开教师的专业素养。首先，教师在教学中应合理安排课堂时间，避免因教学时间不足而加快教学进度，从而导致教师语无伦次；其次，教师的教学语言要有逻辑性，教师要精心组织语言来解读教学内容，确定怎样开头，怎样过渡，怎样结尾。教学思路井然有序，能有效提高教师讲课的准确性和有效性。

教学课例 4

教师通过《珍珠鸟》提高上课语言的准确性

《珍珠鸟》是部编版语文教材五年级上册第一单元的第四篇课文，是当代作家冯骥才创作的一篇散文。这篇文章按照时间顺序叙述了作者对珍珠鸟的悉心照顾和真切关爱，让小鸟由怕人到喜人、近人、亲人、爱人，最后与人和谐相处的经过，谱写了一曲人与自然之间爱的颂歌，并由衷地发出“信赖往往能创造出美好的境界”的感慨。

在本节课的教学中，教师设计了五大教学环节，即情境导入—整体感知课文—深入研读课文—课堂小结—布置作业，层层推进，教师善用悬念式的过渡语言，比如：课文中说珍珠鸟是一种怕人的鸟，但最后却飞到作者的肩头睡觉，为什么会产生这样的结果呢？教师将课堂的大部分时间用于深入研读课文，在导入等环节使用语言简洁。整体上看，该教师的教学有条不紊，能够合理分配一节课的时间。该教师的做法有效提高了教学语言的准确性。

(二)设置奖惩机制,提升课堂纪律

教学是有序的活动,课堂失控容易偏离教学目标,无法完成教学任务。课堂失控的部分原因是学生不服从管理,这时教师的管理就显得很重要。在具体的教学中教师可建立学生认可的管理制度,制度要与学生的思想、年龄特征等相一致。同时,还可以设置一些奖惩措施,调动学生参与课堂的兴趣,让学生主动服从管理,以保证教学活动的顺利进行。

教学课例 5

教师通过《树和喜鹊》提升课堂纪律

《树和喜鹊》是部编版语文教材一年级下册的一篇童话,全文共六个自然段。每两个自然段描述一个画面,结构相似,条理清晰,语言简洁。本文向我们展现了三个画面:一棵树和一只喜鹊孤单地生活;后来这里有了许多树、许多鸟窝、许多喜鹊;喜鹊们、树们快乐地生活。随着画面的不断丰富,树和喜鹊由单个变成群体,由孤单变得快乐,故事生动形象地告诉学生:每个人都需要朋友,有朋友才会快乐!

在本节课的教学中,由于一年级学生上课注意力集中的时间较短,所以该教师运用班级口号对课堂纪律进行维护,同时,对于课堂上布置的任务及时予以反馈,对表现好的学生加以表扬,激发了他们参与课堂的积极性,学生乐于完成教师安排的任务,有效提高了课堂纪律。

(三)制定课堂规则,适当应用强化

课堂教学有规则。规则不仅能够指导学生的行为,而且能明确对学生的期望。重要的是,课堂规则要求每个学生都遵守。这就要求教师在制定规则时能够解释规则对于创造学习环境的作用以及规则是如何制定出来的。规则需要使用积极的词语且表达明确,如学生应该做什么,不应该做什么,并尽力将这些规则教给学生。对学生进行自我控制与责任感教育是教师的一项重要工作。这种自控力和责任感也是社会生活所需要的。为此,教师必须努力教育学生,让他们成为一个独立自主和对社会有贡献的公民,而这种教育大部分是在课堂上完成的。

教育领域中的强化指的是增加学生有效行为及减少学生无效行为的方法。强化的目的主要是对正确行为的培养,而不是对错误行为的控制。当错误行为出现时，重点不是施行严格的惩罚，而是促使其改变。智慧型教师常常努力寻找一些惩罚的替代方式，这些方式是既能维持学生与教师之间的关系，又能教会学生自己承担责任的策略。教师应用强化的目的是教学生控制自己的行为，即教学生怎样有效地解决问题，并作出合理决定以控制自身的行为。

三、教师教学交往行为严格性的提升策略

前文的调查结果表明，小学教师教学交往行为的严格性一般，教师对上课保持安静严格性要求较高，对作业严格性要求尚可，考试难度较低。访谈结果表明，教师对辅导学生作业和作业批改的不尽责导致教师对作业严格性要求一般，家长对学生课业的高期待、教育内卷的压力致使学生觉得考试难度不大。针对这一情况，提出增强教师教学交往行为严格性的建议。

（一）注重宽严有度，增强教学严格性

严格要求学生，是促进学生掌握知识的必备条件，也是增强教师教学交往行为严格性的具体表现。在教学过程中教师应该提出具体的标准。而且严是相对于宽而言的，没有宽就没有严，所以教师要分清主次，不平均用力，可以根据教学内容的难易程度，对于教学重难点严格要求。在进行教学管理时教师要做到管理有方，宽严有度。

教学课例 6

教师通过《四个太阳》增强上课的严格性

《四个太阳》是部编版语文教材一年级下册的一篇散文。这篇文章共有四个自然段，每个自然段结构相似，都是先写“我”画了什么颜色的太阳，再写在阳光的照耀下，这个季节呈现的美好。文中有一幅色彩鲜艳、生动形象的插图，描绘了一个小男孩画太阳的情境。全文语言优美，借用画太阳表达了美好的心愿，读起来亲切舒缓。

一年级识字写字是学习的重点，在写字环节，教师从正确、规范、整洁三个标准严格要求学生书写生字，教师在指导学生书写左右结构的字时，明确上下收紧、左右对称等书写标准，引导学生关注生字的关键笔画。本篇课文浅显易懂，所以在学生交流自己对文章的理解时，教师并没有多做要求，学生言之有理即可。该节课教师对学生宽严有度，有效增强了教学交往的严格性。

（二）树立教师威信，保证课堂安静

教师威信是指教师在学生心目中受到的尊敬与信任。[①] 教师威信是保证课堂安静的重要条件。首先，教师在教学中要言语规范、业务娴熟、教艺精湛，这样才能用自己的学识和才干赢得学生的信服。其次，教师要尊重学生人格，维护学生尊严，增强他们克服困难的信心，不断勉励他们取得进步。

教学课例 7

教师通过《总也倒不了的老屋》确立威信，保证课堂安静

《总也倒不了的老屋》是部编版语文教材三年级上册的一篇童话。这篇课文通过对话的形式讲述了老屋与三种动物之间的故事。课文用反复的手法推进情节的发展，每一个片段都是老屋准备倒下的时候，小猫、老母鸡和小蜘蛛请求老屋不要倒下，接着是他们陈述老屋不要倒下的理由，以及老屋无一例外地答应了他们的请求，最后是小猫、老母鸡和小蜘蛛都得到了老屋的帮助，各自的心愿得以达成。

在教学过程中，教师基于“提高学生的预测能力”这一目标，设计一连串问题，引导学生关注旁批的学习预测。关于如何进行预测，指导预测的方法也是本节课要重点把握的内容，如利用题目、插图、内容的方法进行预测，因此，在进行板书设计时，教师利用图表思维导图的形式进行梳理，这样的方式更为直观，学生学起来也更为容易，当有的学生概括文章主要内容较吃力时，教师积极鼓励他们，让他们重新组织语言再次发言，教学过程中突显了教师精湛的教学水平以及对学生的尊重，维护了教师的权威，保证了课堂的安静。

（三）提高教学要求，养成良好的习惯

教师对学生的高要求能有效提升教师教学交往行为的严格性，促进学生良好学习习惯的养成。在教学中教师要确立课堂规范，从课堂开始到课堂结束始终对学生的行为作出要求，促进学生课堂行为习惯的养成，并根据学生的特点不断提高对学生的要求。

---

① 丁桂娟：《小学教师树立威信的必备条件》，《现代教育科学》，2013 年第 2 期。

教学课例8

教师通过《一封信》高标准要求学生

《一封信》是部编版语文教材二年级上册的一篇课文。课文记叙了主人公露西想念在国外工作的爸爸,给爸爸写信的故事,字里行间透露着真挚、温暖的亲情。这篇文章与学生生活体验非常接近,在教学时应从实际出发,激发学生学习本文的兴趣。

二年级是培养学生良好学习习惯的重要阶段。在本节课伊始,教师对学生的课前准备情况进行了检查,及时表扬了准备较好的同学,同时提出需要完善的地方;在教学过程中,教师对于一些学生的不良行为及时加以制止,对专心听讲、认真做笔记的学生予以表扬。在课堂上,教师以适合学生特点的标准要求学生,注重对学生良好学习习惯的培养,增强了教师教学交往行为的严格性。

四、教师教学交往行为学生自主性的提升策略

前文的调查结果表明,小学教师教学交往行为的学生自主性不够,教师较为尊重学生,给学生较多表现的机会,但是课堂上学生自行决定不够,学生自由支配的时间不多,学生较少能影响教师,较少能做无关的事。进一步访谈结果发现,在学生为本的教育理念下,教师尊重学生,给学生较多表现的机会,而教师权威主义导致学生自主权不够。针对调查中发现的问题,提出教师教学交往行为学生自主性的提升策略。

(一)实施自主教学,培养学习能力

学生是学习的主体,课堂是学生充分展现自己才能的平台。首先,教师在教学中要多给予学生锻炼的机会,比如板书时教学重点有时可以让学生来写,读课文时可以让学生来范读。其次,教师要积极探索"以学生为中心"的教学模式,培养学生的学习能力。

教学课例9

教师通过《浪淘沙》探索"以学生为中心"的教学模式

《浪淘沙》是部编版语文教材六年级上册的一首古诗,是唐代著名诗

人刘禹锡的一首七言诗。《浪淘沙》是诗人刘禹锡任连州刺使时所作。这首诗表现了诗人对祖国的母亲河黄河的赞美之情，及其对田园生活的憧憬与向往。通过学习，学生将更深切地感悟黄河的宏伟壮观，体会诗人充满想象的浪漫主义情怀。这首诗充分展现了古人以独特的审美视角领略祖国壮美山河的万种风情。所描写的景象雄伟壮观、气势磅礴，所使用的语言或对仗工整、音律优美，或清新明快，是学生积累词语、提高理解和运用语言文字能力的极好范本。

本节课教师借鉴了魏书生的六步教学法，按照定向—自学—讨论—答题—自测—自结的步骤，层层推进。教学的每一个环节都体现了课堂是由学生作主的理念。比如：在定向环节，教师首先让学生回忆了之前学习古诗的方法，由他们确定本节课的学习重难点，学生展开交流，教师再出示本节课的教学重难点；在自学环节后，让学生范读古诗；在自结环节，让学生自己进行总结，然后板书收获。整节课，教师只是引导学生去思考，充分发挥了学生的主体性。

(二)践行尊重教育，促进专业成长

关于“尊重教育”理念的研究不仅揭露了现行教育的症结所在，而且回应了教育本质的要求，同时顺应了时代的教育潮流。① 在教学中，对于不妥的想法，不要立即予以否定，而要在了解原因的基础上加以纠正和引导；对于合理的想法，要积极鼓励使其更加完善。

教学课例 10

教师通过《搭船的鸟》践行尊重教育

《搭船的鸟》是部编版语文教材三年级上册的一篇精读文章。这篇课文以儿童的口吻描写了“我”在去乡下的路上，观察并认识翠鸟的过程，表达了“我”对翠鸟的喜爱之情，同时也体现了人与自然和谐相处的主题。本单元是习作单元，习作要求是“仔细观察，把观察所得写下来”，通过对教学过程的设计，力图引导学生留心观察周围的人、事、景，自主

① 李金辉：《回归教育本质：论“尊重教育”的旨归》，《教学与管理(理论版)》，2017年第6期。

地、入情入境地进入课堂情景，积累生活素材，做生活的有心人，感受作者对身边事物细致的观察，引导学生养成留心观察大自然的习惯。

在本节课的教学中，当讲到鸟是怎样捕鱼的时候，有的学生提出了“为什么翠鸟的翅膀沾了水还能飞”的问题，对于这个问题，学生各抒己见，展开了各种猜想。有的说翠鸟的羽毛表面有一层防水物质，即使沾了水，水也不会浸到羽毛里去；有的说翠鸟的羽毛是防水的，对于学生的种种猜想，教师及时予以回应，询问学生作出猜想的原因，充分尊重了学生的想法。

（三）开展情境教学，增强学习动机

创设教学情境能增强学生的学习动机，激发学生的想象力和创造力，促进学生学习动机的产生。小学生活泼开朗，好奇心强，而小学教材内容丰富多样，因此情境教学是小学教学的重要手段。在具体的教学中教师应注重创设情境，首先，教师可以通过展示图片、播放视频、课文插图，结合教学内容创设形象情境；其次，教师可以通过巧妙地设置疑问，以问答、对话的形式创设问题情境。

教学课例 11

教师通过《小毛虫》创设教学情境

《小毛虫》是部编版语文教材二年级下册的一篇课文，是意大利著名艺术家达·芬奇写的童话。这篇文章按照事情的发展顺序，结构清晰，讲述了一只小毛虫的成长历程，从结茧到破茧羽化成蝴蝶，充满了人文气息和童趣。通过对小毛虫成长过程的描述，告诉每个孩子不要因为自己不如别人而感到自卑、失望，要乐观、充满信心；唯有努力去做自己应该做的事情，才能感受生活的快乐和美好，才能真正有所作为。

小学二年级学生以具体形象思维为主，对于事物的理解和感知主要是通过观察图片和文字来获得的，因此在教学中，该老师抓住学生的年龄特征和思维方式，在课件中呈现了大量形象生动的图片，比如理解第一个关键句：“每个人都有自己该做的事情”这句话时，老师首先引导学生观察课文的第一幅插图，让学生通过观察插图提炼出蜜蜂、七星瓢虫和蚂蚁该做的事情，同时将三种动物的状态形象地呈现在屏幕上，让学

生一目了然，学生瞬间就进入故事情境中。在指导学生讲故事时，老师插入了小毛虫从织茧到破茧成蝶的示意图，还播放了小毛虫变成蝴蝶的相关视频，利用小毛虫在茧屋中的视频启发学生想象，如果这就是你，你会怎样。把学生带入故事情境中，让他们更加直观地感受小毛虫付出的努力和面对的困难，实现情境化教学，让学生能够有感而发，表达出自己的真情实感，这一设计让学生自主性得到了极大的发挥。

第三节 小学师生关系亲密度的提升策略

一、教师教学交往行为帮助/友好性的提升策略

前文的调查结果表明，小学教师在教学交往中乐于帮助学生，对学生较为友好。具体表现：在教学交往中，教师大多能信任学生，帮助学生，对学生较为友好，师生交往愉悦，但教师的幽默感一般，不大开玩笑。进一步访谈结果表明，小学生对教师关爱的期待、教师教学专业素养与小学生的依赖性促使教师表现出更多的帮助与友好。依据调查结果，提出教师教学交往行为帮助/友好性的提升策略。

（一）提升教师专业伦理关怀素养

教师专业伦理关怀素养是指教师具有相关专业伦理关怀的信念与知识、关怀的敏感性及关怀能力。在教育教学中，教师能敏锐地察觉学生的情感变化与情绪体验，体会学生的需求与期许，与学生沟通交流，用积极的情感去影响学生，以合适的方式积极主动关怀学生。教师专业伦理关怀素养及关怀实践行为能够鼓励学生，促进他们积极学习。在教学过程中教师吸引学生的不只是他们拥有比学生更多的知识，更是他们自身具有的人格魅力。教师专业伦理关怀素养能够提升教师的人格魅力，教师专业伦理关怀素养关系教育能否成为一种富有魅力的、充满温情的活动，关系教育能否得到有效开展。[①]

---

① 栾阿诗、吴志成、刘迪：《关怀伦理学视域下师生关系的困境及重建》，《教学与管理（理论版）》，2019 年第 11 期。

（二）增强教师教书育人的责任感知使命感

我们要传承中国尊师爱生的传统，摆脱工具理性的束缚，还教师职业以神圣性，“增强教师教书育人的责任感和使命感”。教师应主动放弃权利与义务、付出与获得之间完全对等的僵化要求，建立一种师生不完全对等的伦理关系。如孔子所言，“爱之，能勿劳乎？忠焉，能勿诲乎？”在师生交往中，教师是出于对学生的仁爱与责任，以普遍的友爱和与人为善的精神关爱每一位学生，尊重、理解与支持他们，对他们充满期待。同时，教师这种无私的关爱也感染学生，唤起他们对教师真诚的爱与爱的期待，以及对教师权威的敬畏，从而使师生之间的沟通互动充满关爱与温情，以建构民主和谐的师生关系。①

（三）建构关怀型师生关系

教学交往是师生知识、经验生成的重要途径之一。“在本质主义知识观影响下的教学交往是一种单向度的交往，它在交往的形式上限于师生之间，在交往的内容上更多地体现为知识的传授与接受”。但从建构主义知识观来看，“知识是个体与现实世界、社会和个人的交往和对话中逐渐建构生成的”。这就意味着在教学交往过程中个体间、个体与群体间、群体与群体间不仅存在竞争，而且存在合作，是一种“合作学习”。片面强调师生交往、教师与“优生”的交往，而忽视生生交往、教师与“差生”的交往，实际上是传统教学强调单一性、预设性的必然结果，须走出这种单一性交往的误区，构建以关系性、情感性与非功利性为主要特征的关怀型师生关系。

（四）注重导向性教学交往

受传统知识观、教学观的影响，教师在当前的教学交往中更多地表现出控制性特征，他们在交往中处于主导地位，学生则处于被控制、被支配地位。首先，导向性教学交往须尊重学生的差异。不同学生在认知、情感、性格、智力上的差异，不能成为教师在教学交往过程中区别对待的依据。教师要尽可能采取同等的交往态度，投入同等的交往情感，提供同等的对话机会。其次，

---

① 汪昌华：《师生互动关系形成机制与建构策略》，《北京教育学院学报（社会科学版）》，2017年第1期。

导向性教学交往须尊重学生的自主性。交往主体的自主性是交往进行的前提。也就是教师要充分尊重学生作为独立主体存在的意义，从学生的角度思考问题，通过平等的交流而不是控制，引导学生主动参加到教学活动中，按自己的主体意识发表见解、参与互动。

二、教师教学交往行为理解性的提升策略

前文的调查结果表明，小学教师在教学交往中大多表现出理解学生。具体表现：在教学交往中，教师大多能倾听学生的心声，较为信任学生，对学生较有耐心，也能接受不同的意见。进一步访谈结果表明，教师的教学交往能力与小学生的向师性是教师在教学交往中表现出更多理解性的重要因素。依据调查结果，提出教师教学交往行为理解性的提升策略。

（一）建构师生相遇的日常生活世界

教师可汲取中国古代书院师生之间“气息相染，文脉相传”的生活方式，在学科化、专业化、科层化的现代学校组织制度中，家校协同营造一个师生相遇的日常生活世界。在这个师生相遇的日常生活世界中，教师可借鉴亲子互动经验，将儿童与父母、教师交往构成的亲子关系与师生关系看作一个具有连贯意义的统一体，延续儿童亲子互动的情感体验，承担起儿童“替代父母”的责任，始终怀有一颗向着孩子的爱心，通过面对面的情感沟通，润物无声中形成相互依赖、亲密和美的师生互动关系。在理想的师生互动关系中，教师是一个关爱者，每当学生需要他时，他都会给予一个令他们放心的答复“我在这里”；学生是一个依恋者，每当教师来到班级时，迎接教师的都是学生期待的目光，好像在说“我们在等您”。[①]

（二）在“共情”中反思

在“共情”中反思，构建双向付出的关切关系，关怀性关系是一种相互的关系，其建立需要满足两个条件：一是需要双方都给予对方关怀；二是需要被关怀者主动接受关怀者的关怀。在教育实践中教师为学生着想，但却得不到

① 汪昌华：《师生互动关系形成机制与建构策略》，《北京教育学院学报（社会科学版）》，2017年第1期。

学生理解，甚而遭到个别学生打击报复的情况是存在的。就情感角度而言，师生关系是以学生与教师的交往为基础的，而关切是一种质量较高的情感交往方式。关切情感与师生关系之间有着紧密的联系，师生关系与关切情感抵达教师、学生各自身心的程度直接相关，而教师与学生对关切情感的投入又影响师生关系。关切情感是师生共同参与的，它并不是教师单向情感的构建，师生只有在彼此尊重信任的情况下，才能产生共情体验。共情蕴含着可以改善师生关系的契机，它能够促使教师与学生重新审视师生关系。因此，教师应珍视积极的共情经历，借助于“共情”来营造集体反思的学习环境与氛围，构建更加健康和谐的师生关系。①

（三）构建学习共同体

从学生的角度思考问题，树立“他者”思维。“他者”思维是对“我者”思维的超越，而不是与“我者”思维的对立，它强调话语的主体性和主动性。这对于教师教学交往是有着积极意义的，但也因此容易形成传统的“主—客”式的交往观，表现出单一的中心结构和强烈的支配性而背离交往的本质，不利于形成多极主体式的交往共同体。“他者”思维的意义在于突破了主体性的局限，凸显了话语交往的民主性，有利于形成主体间性，推动学习共同体的构建，具有经验共享、学会合作、消除个人中心、发现自我、达成共识等几个方面的功能。在这样的交往中，教学世界将因其民主性、共生性、创造性而充满活力。

三、教师教学交往行为惩戒性的调控策略

前文的调查结果表明，小学教师在教学交往中较少惩戒学生。具体表现：教师较少对学生发火、生气、急躁、没耐心，较少责罚和嘲讽挖苦学生。进一步访谈结果表明，教育惩戒权的立法与学生在教学交往中的守规是教师惩戒性较低的重要因素。依据调查结果，提出教师教学交往行为惩戒性的调控策略。

① 栾阿诗、吴志成、刘迪：《关怀伦理学视域下师生关系的困境及重建》，《教学与管理（理论版）》，2019 年第 11 期。

(一)教师惩戒的关键在于尊重学生

苏联教育学家马卡连柯认为,“对我们所不尊重的人,我们不能提出更多的要求。当我们对一个人提出很多要求的时候,在这种要求里也就包含着我们对这个人的尊重”。[①] 因此,对学生提出要求时教师要尊重学生,对学生惩戒时更要考虑学生的人格尊严,维护其合法权益。

(二)教师惩戒的基础是学生与教师、家庭与学校之间的信任

教师惩戒是师生交往的一种方式。学生与教师、家庭与学校之间的信任关系是惩戒实施的基础。如果这些利益主体之间已经建立了信任关系,就容易取得较好的惩戒效果,即便惩戒会对师生关系造成冲击与考验,但最终会进一步巩固师生关系,否则可能导致师生之间的矛盾。因此,教师与学生、家长之间要形成信任的情感纽带,处理好教育惩戒后的疏导善后工作,“用心”惩戒,使惩戒取得应有的效果。

(三)教师惩戒的目的在于教化

教师惩戒是一种外在手段,惩戒的目的在于教化,对学生德性的启迪与感化,使学生由“罪与罚”转为“德与制”,由外在惩戒转化为内在德行,从而使教化成为“有所为”“有所不为”的过程,促使学生能够表于行、化于心、成于德,推动学生自由道德精神的建构。马卡连柯指出,适当的惩戒不仅是老师的权利,更是老师的义务。“合理的惩罚制度不仅是合法的,而且是必要的。这种合理的惩罚制度有助于形成学生的坚强性格,能培养学生的责任感,能锻炼学生的意志和人的尊严感,能培养学生抵抗引诱和战胜引诱的能力”。[②]

在行使教育惩戒权时,教师首先要坚持育人为本,将立德树人置于首位,坚守道德良知。良好德行的形成和精神价值的展现需要通过教化和自我教化,“教化是精神的引导和创造的结合,是启迪与自我建构的结合。教化所面

---

① 全国比较教育研究会、全国教育史研究会:《马卡连柯教育思想研究论文集》,北京:北京师范大学出版社,1988 年,第 138 页。

② [苏联]巴班斯基主编,李子卓等译:《教育学》,北京:人民教育出版社,1986 年,第 393 页。

对的是在追求真、善、美的过程中精神的自由创造”。①

四、教师教学交往行为不满性的调控策略

前文的调查结果表明，教师在教学交往中较少对学生不满，具体表现为教师较少认为学生会作弊、不懂、做不好，较少不信任学生，也会批评学生，对学生在课堂上做无关的事较为不满。进一步访谈结果表明，功利主义价值观下师生情感的淡漠是在教学交往中引起师生不满的社会因素，教师主导课堂的价值取向使教师对学生做无关的事较为不满。依据调查结果，提出教师教学交往行为不满性的调控策略。

（一）建构以人为本的师生常态交往

一方面，需要提升教师的职业道德素养。在师生交往中，以学生全面发展为宗旨，不把学生当作实现学校利益、满足教师个人欲望的对象来看待。另一方面，要进一步加强教育法制建设，使教师的义务制度明晰化和可操作化，并强化教师管理制度，以规范师生日常的互动行为，在以人为本的常态交往中建构和睦融洽的师生关系。②

（二）增强教师教书育人的责任感和使命感

应增强教师教书育人的责任感和使命感，对于师生间的不和谐，积极干预，不回避，努力将之消解。在高度功能互赖的班级中，教师的不满行为被认为会不利于师生间亲密关系的发展，教师倾向于压抑不满情绪。因此，教师应智慧地创设教学情境，恰当地表达分歧，消解不满情绪，松弛师生关系内在的紧张度，以化解危机，营造和睦的伙伴关系。③

（三）加强交往间的有效对话

对话是交往的主要途径，是主体间展开交往的主要形态，也是交往的灵魂。对话是以二者间的地位平等及相互尊重、信任为前提的，对话的双方都可以有自己独到的见解和自主的话语权。在这种对话关系中，教师不是知识

① 金生鈜：《规训与教化》，北京：教育科学出版社，2004 年，第 6 页。
② 汪昌华：《中小学师生冲突关系的形成机制与消解策略》，《教育研究》，2016 年第 2 期。
③ 汪昌华：《中小学师生冲突关系的形成机制与消解策略》，《教育研究》，2016 年第 2 期。

的占有者、权威的独享者，而是通过对话启迪学生智慧的引路人。另外，主体间的对话不应局限于知识的求索和问题的探讨，还应涵盖二者情感的交流、思想的碰撞、内心世界的坦诚敞开和接纳，使双方在对话中享受学习的乐趣，体验人格的魅力，感悟生活的美好，从而获得个性的全面发展。

(四)运用合作的教学交往模式

课堂教学活动本身就是师生间、生生间的多边合作、互动过程。合作为学生提供了积极、平等的参与机会，有利于提高学生学习的主动性。学生作为交往的主体，在合作学习的过程中，容易接受同辈群体提供的经验，倾听他人的见解，对克服自我中心意识、提高学生的责任意识和团结合作精神极为有利。同时，在合作学习的过程中，学生能以自我为尺度去评价他人，也能从他人身上反观自己，这些对于学生形成客观的自我评价、积极的自我体验和主动的自我调控能力都起着重要作用。

第五章

改善小学师生关系的人文类课程教学课例研究

教学课例 1　小学语文五年级《珍珠鸟》

【教学内容】

部编版小学语文五年级上册第一单元第 4 课《珍珠鸟》。

【教学目标】

1. 学生能理清线索，把握小珍珠鸟从害怕人到信赖人的情感变化过程。

2. 能借助于关键词句，体会作者和珍珠鸟之间的情谊。

【教学重难点】

教学重点：能借助于关键词句，体会作者和珍珠鸟之间的情谊。

教学难点：能梳理珍珠鸟与作者之间情感变化的线索。

【教学准备】

相关视频、多媒体课件。

【课堂实录】

一、情境导入，激发学习兴趣

师：同学们，小鸟是我们的朋友。你最喜欢什么鸟？

生：鹦鹉、燕子、喜鹊……

师：我们一起欣赏一段视频。（课件播放珍珠鸟的视频）这节课让我们一起走近珍珠鸟，看看它和作者之间发生了怎样的故事？（出示课题，齐读课题）

师：同学们读一读阅读提示，想想“我”是怎样逐渐得到珍珠鸟的信赖的？找出课文中描写珍珠鸟可爱的句子，体会“我”和珍珠鸟之间的情谊。

【教学点评】　教学语言自然精练，将学生由生活情境导入文本情境。

二、初读课文，整体感知

师：请同学们默读课文，想一想这篇文章给我们讲述了怎样的故事？

生：讲我养了一只鸟的故事。

生：我喂养了一对珍珠鸟，他们有了雏儿，这只小珍珠鸟由害怕到亲近我的过程。

师：作者细腻地描写了一只可爱的小鸟。

【教学点评】　引导学生整体感知课文的主要内容和准确的表达。

三、精读感悟

（一）引导学生感受可爱的小珍珠鸟害怕的情谊

师：请同学们默读课文，想一想在你的印象里，珍珠鸟是怎样一种鸟？结合课文中的描写，用自己的话描述一下。

生：我印象中的珍珠鸟长着红色的嘴巴，红色的脚，灰蓝色的毛，后背还长着珍珠似的白点，样子很可爱。

师：你描述的是成年的珍珠鸟的外形。

生：我印象中的珍珠鸟也是红嘴红脚，灰蓝色的毛，只是后背还没有长出珍珠似的白点。它很肥。

师：有多肥？

生：好像一个蓬松的球儿。

生：我印象中的珍珠鸟很调皮，它一天到晚都坐立不定。

师：淘气、调皮。

生：我觉得珍珠鸟能与人和睦相处，很善良。

师:是的,鸟也和人一样有感情。

生:我印象中的珍珠鸟是胆子很大的,它敢在主人的家里飞来飞去,还敢站在主人的肩膀上睡觉呢。

生:我发现了珍珠鸟胆子小!课文说"它是一种怕人的鸟"。

师:这位同学读书真细心。

生:……

师:同学们说出了自己印象中的珍珠鸟,真好!现在,谁能完整地描述一下珍珠鸟?可以描述一下它的外形、习性,以及给你的感受。能用一段话来描绘吗?

生:(练习后)我印象中的珍珠鸟很漂亮,红嘴红脚,灰蓝色的毛,背上还长着珍珠似的白点。雏鸟很肥,好像一个蓬松的球儿,叫声尖细而又娇嫩,可爱极了。

师:你实际上描述了鸟的外形、鸣叫、习性,由此我们看到了一只可爱的珍珠鸟,真好。

(二)引导学生感受珍珠鸟信赖人的情形

小鸟胆子很大,常常调皮地在主人的屋子里飞来飞去,甚至还会站在主人的肩膀上睡觉呢。我们都很喜欢珍珠鸟。

(三)引导学生体会作者对珍珠鸟的爱

师:课文中说珍珠鸟是一种怕人的鸟,但最后它却飞到作者的肩头睡觉,由怕人到信赖人,为什么会产生这样的结果呢?

生:"我"努力的结果,让这只本来怕人的鸟变得胆子大了起来。

师:那现在就让我们看看作者"我"是怎么赢得小鸟的信任,使它"渐渐,胆子大了起来"的?读读课文,找出具体的语句或用自己的话完成表格。

"我"的表现	小珍珠鸟的表现

(生快速默读课文,小组合作交流,教师巡视指导)生:"我呢,决不掀开叶片往里看,连添食加水时也不睁大好奇的眼去惊动它们。""我"这样做的目的

就是怕惊动小鸟，惊吓着小鸟。

生："我不动声色地写，默默享受着这小家伙亲近的情意。"通过我的努力，珍珠鸟开始亲近我了。

生："我把它挂在窗前。那儿还有一盆异常茂盛的法国吊兰。我便用吊兰长长的、串生着小绿叶的垂蔓蒙盖在鸟笼上，它们就像躲进深幽的丛林一样安全。"

生："我不管它。这样久了，打开窗子，它最多只在窗框上站一会儿，决不飞出去。"它和我有感情了，都不飞出去了。

师：三个月后，听！（播放珍珠鸟的叫声）

生：啊，这对珍珠鸟便有了它们的孩子——雏儿。

生：这声音，和它的爸爸妈妈叫得一样，笛儿般又细又亮的叫声，更娇嫩，真好听。

师：快看，它钻出了笼子。你看到了吗？看到了吗？

生：看到了！"雏儿，更小哟，正是这个小家伙！"

师：再读这句，把你的惊喜赶快告诉大家。（指导朗读）

生："雏儿，更小哟，正是这个小家伙！"

师：一起来读。

师：课文称小珍珠鸟为"小家伙"。让我们再找找描写小家伙的句子读一读。

生："起先，这小家伙只在笼子四周活动，随后就在屋里飞来飞去。"

生："我不动声色地写，默默享受着这小家伙亲近的情意。"

生："待一会儿，扭头看，这小家伙竟趴在我的肩头睡着了。"

师：把"小家伙"换成"珍珠鸟"，再读读，看看有什么不同？

生："起先，这'珍珠鸟'只在笼子四周活动。"用"珍珠鸟"没有用"小家伙"生动，没有味道。

师："小家伙"是对人的称呼，这不是珍珠鸟吗？为什么称为小家伙？

生：一般是特喜欢的、比自己小的人，称"小家伙"，表示心里特别喜爱。

生：作者把小鸟当成家里的一员，家里一个可爱的小孩子。而且称呼小家伙的时候，语气和感情是不同的，从此"小家伙、小家伙"地叫着。

生:“待一会儿,扭头看,这小家伙正趴在我的肩头睡着了。”

师:“我”不仅将它们的笼子装扮成家的模样,还对珍珠鸟“客客气气”的,把它当作家里的小孩子、小朋友,小宝贝。

师:刚才你们谈到“我呢,决不掀开叶片往里看……”;“我不管它……”;“我不动声色地写……”

师:这一个个“不”,可以用这里的一个成语概括——

生:那就是“不动声色”。

师:假如去掉一个个“不”,把这几个句子连起来,变成一段话:“假如我大动声色,掀开叶片往里看、管它,小家伙就会……”

生:假如我大动声色……小家伙就会受到惊吓。

师:这么怕人的鸟,在我的细心照料下,它的胆子是怎样变大的呢?下面,请同学们看大屏幕,看看我是怎样逐步赢得珍珠鸟信赖的。请同学们默读第四自然段,圈出表示先后顺序的词语。

(生默读圈词语)

生:起先、随后、最后。

师:是啊,这些表示先后顺序的词语说明鸟的胆子是逐渐变大的。老师根据这些词语把这一自然段分成三层。

教师示范读第一层,学生评议。

师:老师抓住了哪些词语,你听到了吗?

(学生汇报:笼子四周、屋里、柜顶、书架、灯绳)

师:为什么要抓住它们呢?

生:因为这些词语体现了珍珠鸟的胆子越来越大。

师:刚开始的时候,它只在笼子四周活动,是那么的胆小,所以我们要读得轻声点,胆子逐渐变大,声音也要逐渐变大,谁来读读?

师:刚才老师抓住了这些表示活动范围的词语读出了珍珠鸟的胆子越来越大,这是一种很好的朗读方法。下面我们来进行一个朗读比赛,以四人小组为单位,选择你们最喜欢的那一层,先讨论该抓住哪些词语来读,然后自由练读。

学生练读剩下的两层。

(汇报、评议)

师：是啊，那是一只可爱的鸟儿，顽皮的鸟儿，一只放肆的鸟儿，可是我却给予它无声的关爱，没有去惊动它，就像是爸爸妈妈宠爱自己的孩子一样，多么深情的爱呀！珍珠鸟逐渐成为我的好朋友，白天——傍晚——(引读)

以至于有一天——

你看到了什么？(学生回答)

生1：我看到了一幅和谐的图画。

生2：我看到了珍珠鸟舍不得离开我。

生3：我看到了珍珠鸟越来越信赖我。

师：(轻柔地)这小家伙睡得这么熟，这么香，这么甜，它的梦一定也很美很美，想象它会梦到什么呢？(生自己想，与同桌交流)

生1：梦到和作者快乐玩耍的情景。

生2：梦到自己穿上了新衣服。

(课件出示小珍珠鸟甜甜地睡在作者肩头的感人画面)

师："多么温馨的一幕啊！此时小珍珠鸟已经把作者当成什么！"

生：珍珠鸟把作者当作它的朋友。

师：多么美好的画面呀，"让我们再美美地朗读课文，用心体会这份美好，留住这份美好！"(课件播放《摇篮曲》，学生伴着音乐朗读第六自然段)

(四)精读感悟"信赖创造美好的境界"

师：多么温馨的画面呀，你能给这画面取个名字吗？(学生说，相机评议)

生：小鸟依人、信赖、和谐……

师：多么富有诗意的想法，真令人遐想，作者此时也不由自主地发出一声爱的呼唤——

出示：信赖，不就能创造出美好的境界吗？(齐读)

师：怎样才能做到信赖？这句话有什么深刻的含义？

生：信赖就是相信别人，学会宽容，不斤斤计较。

生：信赖就是讲求诚信，真诚相待。

生:我觉得信赖就是相互尊重,尊重对方的思想和行为,只有相互尊重,才能互相信赖,人和人之间只有靠信赖才能长久相处,才能共同创造一个和谐美好的境界。

师:信赖是一种关爱、自由、宽容、呵护、真诚,是彼此的尊重……不仅是人与动物,人与人之间也是如此,尊重对方的生存空间、思想空间,不以强凌弱,不以大欺小。

(课件出示)

信赖是一座桥,让我们心灵相通;

信赖是一首歌,让我们在快乐中歌唱;

信赖是一抹阳光,让我们的生活五彩缤纷;

信赖是一盏灯,________________

师:大家交流了那么多,你能仿照例句说一说吗?(出示仿句练习)学生练写。

信赖,就是________________

生:"信赖是一盏灯,照亮了我们前进的道路。"

生:"信赖是一杯茶,消去了夏天的炎热。"

师:同学们说得真好。学了本文,你又得到什么启示?

生:人与动物要和谐相处。

生:人类必须关爱大自然,亲近大自然,尊重大自然。

生:信赖能创造出美好的境界。

师:感受真深刻。让我们一起感悟人与大自然的和谐:向大家推荐一本充满野性爱心的全球畅销书——《我的野生动物朋友》。

四、情感升华

师:今天这节课我们在作者的书房里目睹了一幅人鸟相亲的画卷,这是信赖创造出来的奇迹。信赖是一种关爱,一份宽容,是彼此的尊重,只要心中充满爱,老师相信不仅是在作者的书房,还是在世界的每一个角落,你、我、他都能在自由的天空中创造出美好的境界。

五、课外作业拓展练习，及时反馈

1. 用自己的话回答课文导读提出的问题。

2. 试着接触一种不熟悉的小动物，努力让它成为你的新朋友，并尽力记录这一过程。

【作业反馈】 绝大多数学生能用自己的话梳理本文情感变化的线索，体会作者对珍珠鸟的喜爱之情；个别学生能大致体会作者的情感，但是概括不出本文情感变化的线索。因此，对于这几位学生还要进行个别指导，帮助他们理解并掌握。大多数学生能认真观察一种动物，并能进行生动的描写，情感流露自然；部分同学语言不够生动，观察不够细致，无法较好地表达情感。因此，在教学中还需注意加强对学生语言表达的训练。

（执教者：合肥市华山路小学 高士芹）

【教学总评】

在“信赖创造美好的境界”这一富有诗意的文本情境的阅读感悟中，探索教师教学交往行为的严格性、引导性、学生自主性，以及师生间的亲密交往，共享共创。

一是教师围绕“阅读提示”，紧扣“信赖”一词，引导学生理清线索，把握小珍珠鸟从害怕人到信赖人的情感变化过程，体会作者和珍珠鸟之间的情意。教学目标重设计，教学过程重教学目标的严格实现，教学反馈重对教学效果的严格检测。

二是教师以引导者、合作者的身份出现，紧扣文本，创设情境，又给学生以自由的空间，使他们在情境中阅读和感悟语言的精妙，进一步引导他们进行准确的、创造性的表达，有效地促进了学生语言的内化。教师充分发挥学生自主性，做到了润物细无声。

三是在“信赖创造美好的境界”这一富有诗意的文本情境中，注重师生情感交流，共享共创，师生关系和谐美好。

（评析人：余燕来 汪昌华）

教学课例 2 小学语文二年级《小毛虫》

【教学内容】

部编版小学语文二年级下册第 22 课《小毛虫》。

【教学目标】

1. 抓关键词句理解“每个人都有自己该做的事情”，“万事万物都有自己的规律”；体会小毛虫破茧成蝶的不易。

2. 学习运用插图和提示相结合的方法讲清楚小毛虫的故事。

3. 指导学生生动有趣地讲故事，提升学生的讲故事能力。

【教学重难点】

教学重点：抓关键词句理解“每个人都有自己该做的事情”，“万事万物都有自己的规律”；体会小毛虫破茧成蝶的不易。

教学难点：学习结合插图和提示讲清楚小毛虫的故事。

【教学准备】

希沃电子白板、希沃课件、微课、配音视频等。

【课堂实录】

一、创设游戏情境 导入关键词句

（一）创设游戏情境，引导学生找关键词句

师：上节课，我们学习了小毛虫变化成蝴蝶的过程，请同学们找出描写小毛虫的词语。

出示：可怜、笨拙、挪动、笨手笨脚、与世隔绝、尽心竭力……

师：这只小毛虫是什么样的？

生 1：这是一只很可怜、爬得很慢、很笨拙的小毛虫。

生 2：虽然小毛虫被困在与世隔绝的茧屋里，但它依然在尽心竭力地工作，我觉得它很勤劳。

师：小毛虫用自己的改变告诉了我们一个深刻的道理，在课文中有两个关键句，你们找到了吗？谁能上来画一画？

出示关键句：每个人都有自己该做的事情、万事万物都有自己的规律。

(二)教师反馈指导

师：你真有一双慧眼，找到了这两个富含哲理的句子。

【教学点评】　通过游戏寻找上节课学习内容中描写“小毛虫变化成蝴蝶的过程”的关键词，导入本节课学习的关键句。教师耐心倾听对话，课堂气氛轻松愉悦。

二、利用课文插图，引导品读关键词句“每个人都有自己该做的事情”

(一)引导学生抓住关键词“笨拙”理解小毛虫破茧成蝶的不易

1. 教师引导。观察第一幅插图：说说蜜蜂、七星瓢虫、蚂蚁该做的事。

生：小蜜蜂在采蜜，七星瓢虫在捉害虫，蚂蚁在搬运食物。

师：小毛虫该做的事又是什么呢？小毛虫显得怎样？

生1：眼前最要紧的是学会抽丝纺织，为自己编织一间牢固的房屋。小毛虫显得笨拙。

师：要紧是什么意思？

生1：要紧就是很重要的事。

生2：要紧就是一刻也不能耽搁的事情。

2. 反馈指导。

师：你声音洪亮，读得很流畅。朗读长句子要注意停顿，还要掌握关键词的轻重音。在读这句话时可以抓住“要紧”这个词重读，读出小毛虫的迫不及待。让我们带着这样的理解齐读这句话。

(二)引导学生书写生字“编”

1. 指导学生书写生字“编”。

师：观察“编”字在田字格中的站位，思考怎么书写？

生1：绞丝旁最后一笔提要和右边的撇穿插避让。

生2：左右结构，左窄右宽，右边扁最后的一横两竖要间距均匀，第四笔竖要落在竖中线上。

师：请看视频，再写一写这个字，注意写字姿势。

2. 检查反馈。

师：王小明同学写得很好，请从正确、规范、整洁三个方面来进行评星。

生1：笔画正确，没有涂改，关键笔画写得很好，所以三颗星他都能得到。

（三）引导学生抓住关键词“尽心竭力”理解每个人都有自己该做的事情

1. 教师引导。

师：眼下小毛虫正在努力织茧，它要抓紧时间为自己编织一间牢固的茧屋。课文中有一个词语形容了小毛虫此时的状态。

生1：尽心竭力。

师：你能联系上下文来说一说这个词语的意思吗？

生1：通过上文“它一刻也没有迟疑”和下文“它织啊、织啊”两个句子可以读出小毛虫一刻也没有停止，而是在争分夺秒地工作。所以我觉得它不停地工作就是尽心竭力。

生2：小毛虫一直很忙碌，一刻也没有停止工作，这就是尽心竭力。

2. 反馈指导。

师：通过刚才的学习，我们知道了每个人都有自己该做的事，而小毛虫该做的事就是努力为自己编织一间茧屋，不论是酷暑还是严寒，它都尽心竭力，从不放弃，因为它知道，它有自己该做的事。

【教学点评】 指导学生运用抓关键词句的方法来理解关键语句，通过分析品读，引导学生结合插图想象小毛虫的心理活动，带着自己的真实感受理解关键句，师生对话交流，友好相处。

三、引导自主合作学习，探究关键词句“万事万物都有自己的规律！”

请大家用上面抓关键词语理解句子的方法自学第二个关键句：“万事万物都有自己的规律！”

师：谁来说说“与世隔绝”这个词语的意思？

生：从上文它把自己从头到脚裹进茧屋，我知道这个词语表示与外界相隔离，断绝联系。

师：你学会了联系上下文的方法。与世隔绝就是与外界断绝来往。

师：此刻，小毛虫在茧屋里什么也看不到，听不到，如果是你，你会怎样？可以和你的同桌讨论一下再回答。

生1：我会感到很害怕、孤独，因为没人跟我说话。

师：如果你是小毛虫，你会放弃吗？

生：不会。因为还有事没完成。

师：说得好，此时的小毛虫心中有一个信念，它相信：万事万物都有自己的规律！所以即使眼前有再多的困难，它也一定要耐心等待。请再读一读这个句子，跟你的同桌交流你读完后的感受。

师：想不到，这只小小的毛毛虫，竟给我们带来了这么精彩的故事，下面我们来比一比看谁能说好这个故事。

【教学点评】 引导学生自主合作进行探究学习，教师加以语言引领，培养学生独立思考、合作探究的能力，给予学生更多自由表达的时间，为下文讲故事积累素材。

四、创编故事，补充关键词句

（一）引导学生创编故事，补充关键词句

1. 借助于插图创编故事。

师：观看文中的示意图，借助于下面的句式讲一讲这个故事，再和同桌互相说一说。

小毛虫先____；然后____；接着____；最后____。按照顺序将小毛虫从结茧到破茧成蝶的变化过程讲清楚。

生：小毛虫先从一片叶子爬到另一片叶子上，然后开始抽丝纺织，为自己编织一间牢固的茧屋，接着它把自己从头到脚裹进了茧屋里，最后从茧屋中飞出来，变成了美丽的蝴蝶。

师：谁来评价一下他讲的故事。

生：我觉得他讲得很清楚，吐字清晰，语言流畅，把故事讲得很完整。

师：同学们学会用表示顺序的关键词，把内容讲得具体生动。请大家和

同桌相互来说一说这个故事。

(二)反馈指导

师:请大家以小组为单位,用这些词语并结合课文插图来说一说。

小组汇报:小毛虫先从一片叶子缓慢地爬到另一片叶子上,它笨拙地挪动着自己的身体,眼下它要学习抽丝纺织,为自己编织一间牢固的茧屋,它尽心竭力地工作着,终于把自己从头到脚都裹进了茧屋里,与世隔绝,耐心等待时机,最后在一个清晨,它从茧屋中挣脱出来,变成了美丽的蝴蝶。

(三)发挥想象把故事讲得有趣

师:请同学们想象一下,小毛虫织茧累成什么样子?它心里是怎么想的?别人是怎样说它的?除此之外,你觉得它还遇到了哪些困难?根据老师的提示,你能把自己想象的画面讲出来吗?

生:有一天,一条小毛虫从一片叶子缓慢地往另一片叶子上爬,与其他小动物比起来,它是那么笨拙、可怜。尽管如此,它并没有悲观失望,眼下它最要紧的任务就是学会抽丝纺织,为自己编织一间牢固的茧屋。所以它一刻也没有迟疑,尽心竭力地工作着,它织啊,织啊,终于把自己从头到脚都裹进了温暖的茧屋里,与世隔绝的它在默默地等待,时辰到了,它清醒过来,灵巧地从茧子里挣脱出来,它惊奇地发现自己的身上多出了一对色彩艳丽的翅膀,此时,它已经不再是那只可怜的小毛虫,而是一只美丽的蝴蝶了!

师:同学们,他们的故事说得好吗?

师:同学们的故事说得生动有趣又充满情感。

(四)教学小结

师:通过本节课学习你有什么收获呢?

生:通过学习小毛虫的故事我知道了,要想变成一只美丽的蝴蝶就要能面对困难,耐心等待,努力改变自己。

师:在生活中,我们每个人都是一只小毛虫,平凡而普通。但并不是所有的小毛虫最终都能变成蝴蝶的。只有那些努力付出、默默等待时机、渴望用自己的勤劳改变命运的小毛虫,最终才能变成一只色彩艳丽的蝴蝶!

【教学点评】 结合课文情境,教师借助于插图和提示创编故事,落实语言技能的目标，发挥学生语言表达的创造性。在教学交往中，教师接纳学生的不同观点，师生关系宽松和谐。

五、课外延伸阅读

（一）布置课外延伸阅读，要求学生抓关键词句理解文章表达的情意

请大家在课下的时候自主选择阅读《做梦的房子》《春天蝴蝶的故事》《毛毛虫去哪儿了》课外书，尝试运用抓文章中关键词句的方法来理解故事要表达的道理，然后带着自己的理解把故事完整地分享给你的爸爸妈妈。

（二）检查反馈课外延伸阅读情况

全班绝大多数学生阅读了指定的课外书，尝试抓住文章中关键词句把故事完整地讲给家长听。在第二天的反馈中，引导学生抓住文章中的关键词句进行阅读，了解故事大意，同时结合书中的插图进行联想，把小毛虫破茧成蝶的过程和自己的感受表达出来。

【教学点评】 鼓励学生用自己喜欢的方式将故事的内容和主题呈现出来，这样既帮助了那些没有及时进行课外阅读的孩子，也帮助了那些读完后能够抓住关键词句进行表情达意的孩子进一步理解文本内容和提升语言表达能力，实现课内外阅读的有效衔接，进一步提高学生的阅读水平。

（执教者：合肥市华山路小学　瞿成成）

【教学总评】

教师通过《小毛虫》这篇课文的教学，探索提升师生关系影响力和亲密度的策略。

一是从教师教学交往行为的领导力、严格性和学生自主性几方面，提升师生关系的影响力。依据课程标准设计“抓关键词句阅读理解文章表达的情意”这一教学目标。教师设计了五大教学环节，即游戏导入关键词句—引导品读关键词句—自主合作探究关键词句— 创编故事补充关键词句—课外延伸品读关键词句，目标明确，引导有力，讲解清晰，层层推进，富有启发性，以提升教师课堂教学的领导力；注重抓课内外阅读的教学反馈，严格落实教学目标的达成，以提升教师教学的严格性；在引导品读、自主探究、创编故事及

课外延伸阅读中，给学生自由的空间，充分激发他们的学习主动性，以提升其学习自主性。

二是从教师教学交往行为的帮助/友好性、理解性两方面，提升师生关系的亲密度。在游戏导入关键词句—引导品读关键词句—自主合作探究关键词句—创编故事补充关键词句—课外延伸品读关键词句五大教学环节中，教师引导帮助学生"抓关键词句阅读理解文章表达的情意"。在教学交往中，教师耐心倾听，鼓励学生，循循善诱，接纳学生的不同观点，师生之间沟通理解，友好相处，师生关系宽容和谐。

（评析人：汪昌华　余燕来）

教学课例 3　小学语文六年级《浪淘沙》

【教学内容】

统编版小学语文六年级上册第五单元第 17 课"古诗三首"。

【教学目标】

1. 读准多音字"曲""簸"，会写"涯"字。

2. 品读诗句，感受黄河蜿蜒曲折、波涛滚滚的磅礴气势，以及诗人被贬谪巴蜀期间奋发向上的精神和豪迈气魄。

3. 有感情地朗读古诗，背诵古诗。

【教学重难点】

教学重点：能展开想象，在读中理解诗句意思。

教学难点：品味诗人用词的精妙，体会诗人表达的思想感情。

【教学准备】

PPT 课件、视频。

【课堂实录】

一、复习古诗，情境导入

师：黄河是中华民族的母亲河，诗人写了哪些歌颂黄河的诗歌？

（课件呈现：黄河图片）

生："黄河远上白云间，一片孤城万仞山。""白日依山尽，黄河入海流。"

师：今天我们学习一首描写黄河的古诗——《浪淘沙》（其一）。

指名读课题。

【教学点评】 在黄河的图画和古诗意境中，走近黄河，导入新课《浪淘沙》（其一）。

二、初读古诗，理解关键词语

（一）理解题目意思

师：《浪淘沙》（其一）什么意思？

生："浪淘沙"是唐代曲名。"其一"说明浪淘沙还有其他作品，不止这一首。

师：是的，真棒。学习古诗需要借助于注释来理解。

师："浪淘沙"作为古诗题目创自于刘禹锡和白居易。后来发展为词牌名。刘禹锡共写了 9 首，这是其中的一首。

（二）初读古诗

师：请同学们自由读古诗。（学生自由读）

师：请同学来读一读。（学生读）谁来评价一下。

生：有个字音没读准，淘读 táo。

师：请你来读一遍。（读完，全班鼓掌）

（三）理解关键词语

古诗中"九曲""浪淘风簸""天涯"是什么意思？（出示课件）

生 1："九曲"指的是弯弯曲曲。

生 2："浪淘风簸"是波浪颠簸的意思。

师：将"九曲""浪淘风簸"一起读一遍。"天涯"什么意思？

生：天涯就是天边。

（四）指导书写生字

师：天涯的"涯"是生字，我们一起来写一写这个字。先观察一下它。

生:不要写成山崖的崖。横画间距相等。

老师范写。

师:请同学们在书上写一遍。(学生练写,教师巡视,个别指导)

师:同学们写得很棒,个别同学注意最后一笔横要写平直。

【教学点评】 了解诗歌题目的意思,掌握重点字词的读音、词义及书写,为接下来的读古诗,了解诗句意思做好铺垫。教学层次清晰,语言准确。

三、品读诗句,感悟意境

(一)品读“九曲黄河万里沙,浪淘风簸自天涯”

1.师:让我们再次聚焦古诗,诗中哪两句是写实的?哪两句是想象的?

生:“九曲黄河万里沙,浪淘风簸自天涯”是写实的。“如今直上银河去,同到牵牛织女家”是诗人想象的。

师:大家同意吗?(学生集体回答“同意”)那我们先来读一读这两句写实的诗句,请你来读。

(两名学生举手朗读,全体学生再次自由读)

2.师:通过读这两句诗句,你看到一条怎样的黄河?请大家再次读一读。

课件呈现:九曲黄河万里沙,浪淘风簸自天涯。

生1:黄河很长。从“九曲”可以看出来。

生2:我感觉黄河是奔腾不息的。我是从“浪淘风簸”这个词想象到的。

师:孩子们,学习古诗就需要想象。我请她来读一读,你们来想一想。(学生闭目想象)

生3:波涛汹涌,气势磅礴。

3.师:让我们一起来齐读这两句诗。黄河真的是这样的吗?我们一起来看一看。看完觉得和你们想象的一样吗?(播放视频,学生认真观看)

全班学生:一样。

师:这就是弯弯曲曲的黄河——(学生接读“九曲黄河万里沙,浪淘风簸自天涯。”)这就是波涛汹涌的黄河——(学生接读“九曲黄河万里沙,浪淘风簸自天涯。”)这就是从天而来的黄河——(学生接读“九曲黄河万里沙,浪淘风簸自天涯。”)

（学生语调越来越高，气势越来越高涨）

4. 师板书（写实：九曲黄河）

【教学点评】 观看视频，理解与品读“九曲黄河万里沙，浪淘风簸自天涯”，想象黄河的壮阔气势。教师语言简洁凝练，教学富有激情。

（二）品读感悟诗句“如今直上银河去，同到牵牛织女家”

1. 师：如果你站在这气势磅礴的黄河边，你会想到什么呢？学生思考，同桌间互相说一说。（学生短暂思考后互相交流、讨论）

生1：我想到了它波涛汹涌的样子。

生2：我想到了另外一条大河，长江。

师：那诗人想到了什么呢？（学生沉默）

生：诗人想到了银河。

师：请用诗句告诉我。（老师微笑地看着该生）

生：“如今直上银河去，同到牵牛织女家。”（该生立刻反应过来）

课件呈现：如今直上银河去，同到牵牛织女家。

2. 师：诗人的这两句诗描绘了怎样的画面？自由读并想一想。（学生认真朗读诗句）

生：诗人刘禹锡跟随黄河一起到牛郎织女家做客。

师：让我们再来读一读这两句诗，把这美好的画面留在心中。（学生齐读）诗人怎么会产生这样的想象呢？（学生小组内交流、讨论）

生1：因为刘禹锡看到黄河很长，想到能不能上银河，到牛郎织女家做客呢。（有学生点头）

生2：因为黄河让刘禹锡想到了银河，想到了在银河两边的牛郎织女。（有学生鼓掌）

3. 师：猜测要有依据，可惜老师没有把这个依据给你们。（出示资料，学生自由阅读）

课件呈现：史书记载，黄河与天河相通，汉武帝令张骞穷溯河源，张骞追溯黄河的源头时曾经抵达银河，甚至见到了牛郎织女。诗人用这个典故，表示自己也要逆流而上，一往无前，到黄河的源头去，并进一步想象自己能到牛郎织女家中做客。

师:我请看懂了的同学来回答。(有三四个学生举手)

生1:因为传说黄河与天河相通。

师:还是没有说出原因,接着看。(学生挠挠头坐下)

生2:刘禹锡对银河充满了幻想。

生3:诗人想要表达自己一往无前、积极向上的精神。(学生纷纷鼓掌)

4.师:是的,你读懂了。这就是诗言志。(板书:诗言志)

【教学点评】 通过师生、生生交流,了解诗句中的"典故",从而体会诗人用典的作用。

四、拓展资料,加深感悟

课件呈现:刘禹锡,唐代中晚期著名诗人,有"诗豪"之称。刘禹锡二十一岁参加科举考试便连登三科,才华横溢。后来因参与改革失败,先被贬为连州刺史,加贬朗州司马,中途虽回京,不久又被贬为连州刺史,后继续飘零在巴蜀一带,被贬蛮荒之地长达二十三年之久。

师:这样的贬谪生活,刘禹锡一过就是二十三年。当刘禹锡看到波涛汹涌、一往无前的黄河,就想到了自己也要逆流而上,一往无前。面对刘禹锡,你想说什么?(学生纷纷自言自语)

生1:刘禹锡你真了不起,永不放弃的精神值得我学习。

生2:刘禹锡你是一个永不放弃、坚持到底的人。(很多学生举手)

课件呈现:自古逢秋悲寂寥,我言秋日胜春朝。

千淘万漉虽辛苦,吹尽狂沙始到金。

沉舟侧畔千帆过,病树前头万木春。

师:引读诗句,"刘禹锡说:'自古逢秋悲寂寥',学生接读'我言秋日胜春朝'。

刘禹锡说:'千淘万漉虽辛苦',学生接读:'吹尽狂沙始到金'。刘禹锡还说:'沉舟侧畔千帆过',学生接读:'病树前头万木春'。"

师:刘禹锡早在青年时期就立下了远大的志向,后来在中年时期虽然没有得到重用,但他始终保持积极向上、一往无前的人生态度。让我们再来读一读这首诗。

课件呈现：九曲黄河万里沙，浪淘风簸自天涯。如今直上银河去，同到牵牛织女家。（配乐朗读，学生展示朗读，全班齐读）

【教学点评】 通过了解作者生平事迹，感悟诗人不畏艰难、永不放弃的向上精神，进一步领会诗人想要表达的理想和志向，让学生受到熏陶和感染。

五、补充诗句，培植爱国情怀

师：时空变换，黄河依旧，站在黄河边的人不一样了。

教师引读：当王维来到黄河边。全体学生接读："大漠孤烟直，长河落日圆。"

教师引读：当"诗仙"李白来到黄河边。全体学生接读："黄河之水天上来，奔流到海不复回。"

教师引读：当张养浩来到黄河边。学生接读："峰峦如聚，波涛如怒，山河表里潼关路。"

师：读了这些诗句，你想对黄河说什么呢？（学生纷纷举手）

生1：黄河，你太雄伟啦！我要为你写诗。（生露出自豪的表情）

生2：黄河，你是我们中华民族的骄傲！（生声音洪亮、自信）

生3：黄河，我们要好好保护你！

师：我们是大地的一部分，大地也是我们的一部分。

课件呈现：我们是大地的一部分，大地也是我们的一部分。

（播放古诗唱曲，学生跟唱）

【教学点评】 在诵读有关黄河诗句的过程中，让学生对黄河以及黄河的文化有所了解，培植他们保护黄河、保护文化的意识和情怀。

六、作业设计

1. 背诵并默写古诗。

2. 搜集写黄河的其他古诗读一读，背一背。

（执教者：合肥市华山路小学　葛亚伟）

【教学总评】

教师在古诗教学中，探索师生关系影响力与亲密度的发展。

一是教师精心设计“初读感知—想象画面—补充资料—理解领悟”四大教学环节，层层推进，严格落实，引导学生感受黄河蜿蜒曲折、波涛滚滚的磅礴气势，以及诗人被贬谪巴蜀期间奋发向上的精神和豪迈气魄。教学目标明确，教学环节清晰，引导有力。

二是在课堂教学中，教师语言简洁凝练，慷慨激昂，富有激情，引导学生思考、想象、朗读品味波涛汹涌的黄河和充满浪漫的银河，体现了教师教学交往行为的领导力。

三是通过引导学生小组自主学习，想象画面，在交流中理解诗句意思；补充课外文字和视频资料，加深对古诗的感悟和理解。由此引导学生掌握学习古诗的基本方法，如看注释理解意思、想象画面、查找资料等，在反复实践中逐步掌握。

四是教师教学交往严之有爱。本节课上，教师根据环节中的大问题依次展开各环节的教学。在各环节的教学中，教师提出问题后，对回答问题的同学及时予以回应，或是自己用语言和动作进行肯定，或是引导学生用掌声给予肯定。教师的回应促进了学生在课堂上的学习，让学生相互补充，相互启发，在师生交流和生生交流中将教学内容推向深入。在课堂上，葛老师关注每一位学生，及时发现学生课堂上出现的各种问题。对注意力不够集中的学生，用动作和语言加以提醒；对回答问题有困难的学生，引导其他同学予以帮助。课堂上学生的学习状态始终为老师所关注，这为课堂教学目标的实现提供了保障。

（评析人：汪昌华　余燕来）

教学课例 4　小学语文三年级《搭船的鸟》

【教学内容】

部编版小学语文三年级上册第五单元第 15 课《搭船的鸟》。

【教学目标】

1. 通过学习左右结构的汉字的书写，掌握书写基本要求“上下收紧，左右对称”。

2. 通过学生自主品读课文关键词句，了解翠鸟的外形特点，感受翠鸟的敏锐、伶俐，体验作者对鸟儿的喜爱之情。

3. 通过例文研读，体会作者的细致观察及用词准确性，为学生的写作积累素材，掌握写景状物的方法。

【教学重难点】

教学重点：了解翠鸟的外形特点，感受翠鸟的敏锐、伶俐，体验作者对鸟儿的喜爱之情。

教学难点：感受细致描写时用词的准确性。

【教学准备】

教学课件。

【课堂实录】

一、直接导入

（一）读题激趣

师：同学们，今天我们来认识一个新字。（出示生字卡片“搭”）可以给它组词吗？——“搭船”“搭车”。今天老师带领大家认识一个特殊的乘客——搭船的鸟。（教师板书，齐读课题）

（二）指导书写左右结构的汉字

师：“搭”字左右结构，左边是提手旁，怎样写才好看？横往上斜一点儿，竖钩写直。

【教学点评】　扣住题眼，整体感知课文。“搭”是本课中关键的字眼，顺便搭乘，顺势而为，这个“搭”字使这只鸟儿富有灵性，体现了人与鸟在自然中的和谐相处。因此，观察“搭”字至关重要，可以引导学生联系生活实际认识一组词，加深对这个字义的认知；继而引导学生观察课题设问质疑，激发学生阅读思考的积极性。在对课题的初步感知中，学生对课文充满了期待和向往。

二、感情朗读，以读促悟

（一）自读课文

要求：①不指字；②放开声音大声读。

（二）指导朗读

1. 抓住“拟声词”，读出人物的快乐心情。

（出示第一自然段，生读）

师：第一自然段主要写了“我”和母亲坐小船去外祖父家，路上遇到了一场大雨。文中有个词语描写了雨声，请圈起来，哪个词？（“沙沙”）

师：谁来读这个词？记住这是一场大雨，要下大哦！不仅声音要响，还要有节奏，读出雨下得紧、下得急，“我”听起来还很美妙、很快乐，该怎么读呢？

师：这一节表面写雨声，其实写我愉快的心情。我去外祖父家心情当然很快乐，读出快乐的感觉，表情也要流露出开心快乐。

2. 指导学生朗读感受翠鸟羽毛的色彩美。

（出示第二自然段）

师：谁来读？请你来读。朗读要有真感情，听了她的朗读，我觉得这只鸟太漂亮了，忍不住想把它画下来。下面我来画，你们帮助我哦！

（师拿起彩色粉笔开始画）

生：嘴巴长长的，羽毛非常漂亮。

师：谁来读出鸟的漂亮？读之前我们要关注一些词，（指屏幕，重点词变红）“彩色的”“多么美丽”“漂亮”，还有表示颜色的词，最后一句“比鹦鹉还”漂亮。

师提示读：羽毛……嘴巴……比……

师：听了你们的朗读，我想起法国雕塑家罗丹的话：生活中不缺少美，缺少的是善于发现美的眼睛。作者就有一双善于发现美的眼睛。他观察很细致，把鸟的颜色美写了出来。

3. 抓住“动作”和“时间”词，再现翠鸟捕鱼的情景。

师：这只鸟要干什么呢？

生：捕鱼、捉鱼。

师:作者通过一系列动作写出了翠鸟捕鱼的过程,默读这部分,圈出表示动作的词。(生齐读"冲""飞""衔""站""吞")

师:翠鸟捕鱼的动作很快,哪些描写时间的词也写出了翠鸟捕鱼的动作很快?

师:"一下子""没一会儿""一口",好,圈起来!"一下子"说明什么?入水快。"没一会儿"说明出水快,"一口"呢?

师:尽管翠鸟捕鱼的动作很快,但是也没能逃脱作者善于观察的眼睛,我们要学习作者细致、敏锐的观察。

4. 抓住"语气词",读出恍然大悟的感觉。

(出示最后一段,齐读)

师:听了母亲的介绍,"我"恍然大悟,谁来读出恍然大悟的感觉?(指生读)

师看着生:带动作"哦——",拉长音,表示恍然大悟,接着老师带上动作读恍然大悟的语气。

【教学点评】 朗读贯穿,感知观察要点。在多种方式的阅读活动中,教师注重引导学生透过语言文字,初步感受翠鸟的外貌与捕鱼动作,仔细观察雨天船上的场景;继而图文结合,感悟人与鸟儿的和谐相处,感知这些美好事物的发现,来源于"我"对周围事物的留心观察,从而明确本单元的主题——体会作者是怎样留心观察周围事物的。

三、内化语言,指导表达

(一)聚焦翠鸟外形和捕鱼的情景,指导内化语言

师:本文的精彩之处是对翠鸟外形及其捕鱼情形的描绘,咱们来看看作者是怎样描写它们的?

师:翠鸟长什么样?它们是怎样捕鱼的?(出示翠鸟外形和捕鱼两部分内容)

请两名学生分别朗读这两部分。

(二)创设语境,指导介绍

(师拿出鱼的图片)

师:这是老师从江南带来的大鱼。你是一只翠鸟,想吃吗?

师:你准备怎样介绍你的长相和如何捕鱼的?

(出示填空:我是一只__________的小鸟,我的羽毛是__________,翅膀__________,比__________还漂亮。)

(两生上台,先说鸟的长相部分)

(一生介绍鸟的长相,前面内容几乎和课文一样,最后一句变成:"比孔雀还漂亮。")

师:好漂亮、好自豪的鸟啊!谁再来说说鸟的长相?

(一生前面内容几乎和课文一样,最后一句变成:"比五彩斑斓的宝石还漂亮。")

(师边引导边相机表扬)哇,翠鸟真漂亮!

一生阐述翠鸟捕鱼情形。

(出示填空:我捕鱼可__________呢,有一天,我看到水面上有一条小鱼,我__________。)

师:味道怎么样?

生:咂咂嘴,味道很鲜美。

师:谁再上来感受一下,和他一样带上动作表演。

(生上台带动作说)

师:说得真好!这条"鱼"就送给你了!

【教学点评】 抓重点段落,指导学生表达。学生在朗读中发现,第二自然段是作者对翠鸟外形的描写,第四自然段则是对翠鸟捕鱼的描写。让学生通过读文去发现,作者使用了一连串动词,即"连动法",写出了翠鸟捕鱼的一系列动作,并引导学生圈画出这一系列动词,感受翠鸟动作的敏捷。接下来让学生在创设的情境中内化语言,学习表达。

四、课后延伸,观察写作

你家养了小动物吗?请细致观察你身边的小动物的外形与习性。

师:只要你留心观察周围事物,就会发现蕴藏在生活中的美丽;及时记录下来,还可以为单元习作积累素材;在学习交流平台,我们也可以进行交流与研讨。

(执教者:合肥市华山路小学 王丽)

【教学总评】

在教学交往中，教师从“搭”字导入，“搭”字是课文的题眼，使这只鸟儿富有灵性，体现了人与鸟在自然中的和谐相处。教师引导学生从翠鸟的外形、捕鱼入手，了解翠鸟的外形特点和捕鱼本领；进一步指引学生自主品读课文关键词句，想象翠鸟捕鱼的情景，感受翠鸟的敏锐、伶俐；指导学生研读例文，体会作者的细致观察及用词准确性，为学生的写作积累素材，使学生掌握写景状物的方法。课堂教学中读写交融，提升了学生的自主性与教师的领导力，师生友好相处，共享共创。

（评析人：汪昌华　余燕来）

教学课例5　小学英语六年级
《Unit 2　Ways to go to school Part A Let's talk》

【教学内容】

人教版小学英语六年级上册 Unit 2　Ways to go to school Part A Let's talk

【教学目标】

1. 能够在情境中运用句型 How do you come to school? I usually/sometimes/often come… 提问，并就上学的交通方式作出回答。

2. 了解对话大意，能按正确的意群及语音语调朗读对话。

3. 通过绘制思维导图分析不同的上学方式，概括了解选择不同交通方式的原因，推理判断，进一步发展高阶思维能力。

4. 了解安全出行的重要性，并能设身处地给予他人安全出行的建议。

【教学重难点】

教学重点：能够在情境中运用句型 How do you come to school? I usually/sometimes/often come… 提问并作答。

教学难点：联系学生生活，在真实情景中运用所学内容进行交际。

【教学准备】

多媒体课件、表格。

【课堂实录】

一、联系生活　激趣导入

师：Hello，boys and girls. There are many ways to go to school. How do I come to school?

生 1：By car.

生 2：On foot.

师：Yes，I often come to school by car，sometimes on foot. How about you?

生 3：By bike.

师：Great！And?

生 4：I don't know how to speak it in English.

师：That's okay！You can speak in Chinese.

生 4：电动车。

师：So you come to school by electric bike.（同时板书在黑板上）Now you try.

生 4：By electric bike.

师：Now let's enjoy a video about a picture book and you can take some notes about ways to go to school. This mind map will help you.

师：Now let's share your answers.

生：By boat，by plane，by train…

师：Now you are familiar with ways to go to school. They go to school even by plane. It's amazing. Let's enjoy this video and sing it together. I'm glad that you will use your body and make some noise，okay?

【教学点评】　教师引导有力，联系实际，询问学生来学校的方式，目标明确引出主题 ways to go to school. 并启发学生表达自己如何来学校，当学生不会使用英语回答时，鼓励他们用中文表达后，再耐心讲解引导他们使用英语表达。教师善于利用绘本资源，使用音频视频、音乐等形式帮助学生复习巩固，生动有趣，并借助于思维导图进行总结归纳，帮助学生达成目标。

二、听、说、读、写、看结合 整体学习对话

(一)View and guess(观察细节 看图猜测)

师:Now look at the illustration. let's view the detail. Guess how does Mike come to school?

生:By bike.

师:How do you know that?

生:Mike's bike keys.

师:Great! And we can see ?(使用图形标示,手势提示)

生:Many bikes.

师:Mike's bike is there ,too. Look at this picture from the main scene.

【教学点评】 引导学生看图推测,观察细节,给予学生自主观察的时间,培养学生的观察能力。

(二)Listen and find(仔细聆听 获取信息)

师:But Mike doesn't always come to school by bike.

Now let's listen and find how do Amy, Mike and Mrs Smith come to school? Look at this worksheet. It will help you to get the information.

师:Now let's check the answer.

生:Mike usually comes to school by bike.

师:Great! This sticker is for you.(教师及时给予学生贴纸的奖励) How about Amy?

生:Amy usually comes to school on foot,sometimes by bus.

师:Correct. And Mrs Smith?

生:By bike.

师:Can you say it completely?

生:It's difficult.

师:It's okay. Sometimes we can't get the answer by one activity.

【教学点评】 通过自制的表格帮助学生获取信息,通过不同的图标形状

让学生学会听关键信息的策略方法，教师控制听力活动的难度，使它们与学生水平相当，当教师觉察学生无法回答第三个问题时，包容、有耐心地加以引导。

（三）Read and check（认真阅读　验证信息）

师：So let's read and check. Let's underline the key sentences and figure out how do Amy, Mike and Mrs Smith come to school?

师：Mrs Smith says："Sometimes，but I usually walk. "What does she mean?

生：Sometimes by car，usually on foot.

师：Excellent! Now you are familiar with this dialogue.

（四）Listen，imitate and read（跟读模仿　精读解难）

师：Now let's listen to the text again. Try to imitate the tone，pronunciation and intonation. Please read in sense group.

师：What does"early" mean? Do you know"That's good exercise"?（借助于图片，直观生动形象，引导学生猜测难点词句含义。）

三、实践运用　发展思维

（一）Do a survey（作调查）

师：Now it's your time. Please use this worksheet to ask your classmates how do they come to school?（鼓励学生多找几位同学进行调查问答，教师巡查课堂，指导学生。）

生：A usually comes to school by school bus，sometimes by electric cycle.

生：B usually comes to school on foot，sometimes by electric cycle，too.

【教学点评】 给予学生自由的时间和空间，运用所学句型对班级同学进行调查，并加以汇报。学生活动时，教师环视班级同学，进行班级管理，指导活动，纪律有序，在轻松活泼的课堂氛围中达成目标。

（二）Think and discuss（思考讨论　深入探究）

师：I usually come to school by car. Do you know why? Look at the routines. Which one should I choose? Why?

生：The first one. Because your home is far from here.

师：Good choice! But why do I sometimes come to school on foot?

生：Sometimes you live near the school.

师：Yes，sometimes I live in the apartment. How about Mr. Zhou?

Which routines should he take? Why?

生：The second one. It's fast.

师：Really? Actually Mr. Zhou usually come to school on foot.

Think about Mrs. Smith. That's good exercise. It's healthy.

Now please discuss with your partner why do you come to school on foot, by bike or…?

【教学点评】 教师通过直观路线图引导学生进行比较思考，提出不同观点，接纳异议，发展学生高阶思维。

（三）Think and share（提出建议　人文关怀）

师：We come to school in different ways for different reasons.

But whatever you choose, safety first. What suggestion can you share with Mike? Look at the picture, when Mike come to school by bike, he should…

生：He should wear a helmet.

师：And we can tell him "You must wear a helmet." So what suggestions can you share with you partner or your family? Let's think and share.

生：I want to tell my father "Don't play your phone when you drive."

生：I want to tell my friend "You must pay attention to the traffic lights."

【教学点评】 结合本课实际，引导学生提出安全建议，使安全第一的教育落到实处。

四、自主复习　作业提升

师：You all have good performance today. What did you learn today?

Let’s do a summary. Let’s talk.

生：I know some ways to go to school.

生：I know how to ask and answer ways to go to school.

生：I can share some safety suggestions.

师：I’m so proud of you. At last，don’t forget your homework.

【教学点评】 让学生自主总结课堂所学知识，不因学生所学多少对学生有意见，鼓励不同层次的学生表达，教师有耐心。

作业：

1. Listen、imitate and role-play A Let’s talk.（听录音模仿，小组角色扮演对话）

2. Design a mind map of today’s class.（制作思维导图，复习本课所学知识）

3. Do a survey about schoolmates in different classes and make a report.（运用调查表扩大调查对象与不同班级同学合作交流，并作汇报。）

【反馈】 本班有学生三十四人，四人为一组，其中两组五人一组，由四位大组长和课代表分别进行抽查，教师随机复查对话表演，对基础较差的学生先进行组内辅导，再由老师个别辅导，将手工作业优秀的作品张贴在教室四周的墙壁上，供学生学习参考，汇报作业因学生性格不同，个别同学没有参与，反馈后由英语组长协助内向、基础薄弱同学与别班同学进行交流。总之，根据学生英语的不同水平和性格特征设置不同的学习目标，学生基本完成布置的任务。

（执教者：合肥市肥东县马湖学校、合肥师范学院 2019 级教育硕士 沈洁）

【教学总评】

下面就这节对话课如何体现教师领导力、学生自主性，发展具有亲密度的师生关系来进行探讨。

第一，教师引导有力，课程结构清晰，具有逻辑性。教学设计紧扣教学目标，以 How，Why，What 的逻辑顺序开展教学活动，教师引导有方法，一开始让学生猜测教师怎么来学校，直接切入主题，再引导学生回答自己如何来学校，再到对话中的人物，进入对话学习，讲解清晰自然。之后通过分析两位老师为什么选择不同方式来学校，发展思维，再给予学生调查探究的时间、空间，教师管理指导，保证活动有序开展，使学生合作探究运用语言落到实处。最后引出安全第一的主旨，启发学生先给文中人物提出安全建议，再结合出行方式给家人、朋友、同学提出安全建议，体现对交通安全意识的培养。

第二，注重对学生自主学习策略的培养。运用思维导图帮助学生总结巩固，理清思路，发展思维。运用表格、图形帮助学生学习如何抓住关键信息做笔记，阅读时画出关键句，通过上下文和图片猜测生词难句。通过调查表与同学合作展示，进行语言的运用，实现语言的内化。最后通过自己手绘思维导图来复习巩固所学知识。

第三，注重发展具有亲密度的师生关系。教师运用绘本、音频、视频等多种教学资源使课堂生动有趣，带领学生边唱边做动作，使学生愉悦。教师乐于帮助学生，在学生不会使用英语表达时，引导学生采用中文回答，再教学生运用英语表达，充满耐心。在对教师们选择的出行方式进行比较时，允许学生各抒己见，接纳异议。总体来说，教师是引导者、帮助者，师生关系友好信任。

（评析人：汪昌华　余燕来）

教学课例 6　小学道德与法治四年级《爸爸妈妈多辛苦》

【教学内容】

统编版小学道德与法治四年级上册第二单元第 4 课《少让父母为我操心》第一课时《爸爸妈妈多辛苦》。

【教学目标】

1. 让学生了解父母在做什么。
2. 让学生体会父母的辛劳。
3. 培养学生感恩父母的意识和情感。

【教学重难点】

教学重点：让学生了解父母的辛劳，培养他们感激父母、孝顺长辈的情感。

教学难点：能够从细微处观察父母、发现父母的变化，通过观察和体验，感受父母的辛苦。

【教学准备】

PPT课件、视频、图片、表格。

【课堂实录】

一、创境导入　激发兴趣

师：同学们，上课之前我们一起来欣赏一首歌曲吧！会唱的同学可以跟着一起唱！

播放视频：《我的好妈妈》我的好妈妈　下班回到家　劳动了一天　多么辛苦呀　妈妈、妈妈快坐下……

师：同学们，从我们来到这个世界的那一刻起，父母就开始为我们无怨无悔的付出。你有没有体会到父母工作的辛苦与繁忙？你有没有对父母的辛苦付出表达过感激？今天让我们一起来学习第4课第一课时《爸爸妈妈多辛苦》。

【教学点评】　以耳熟能详的儿歌作为开场，引起学生的共鸣，引导学生回忆生活中父母的辛苦和劳碌，激发学生的体谅之情。

二、导学导悟

导学一　初步感知　走近父母

活动一　七嘴八舌话父母

师：请同学们用一个词语或一句话来形容爸爸妈妈的一天。

生1：辛苦。

生2：起早贪黑。

生3：爸爸妈妈从早到晚总在忙碌。

……

师：从刚才同学们的分享中我们感受到爸爸妈妈的一天是辛苦的、忙碌的。看来同学们都很善于观察自己的爸爸妈妈，那么你们的爸爸妈妈在生活中具体都在忙些什么呢？让我们继续走近父母。

【教学点评】　通过同学分享，引导学生回忆父母的一天，同学之间产生共鸣，使学生初步有意识地感知父母的辛苦。

导学二　父母在家真辛苦

活动二　看图思考　交流分享

配乐播放本班学生家长在家做家务的照片。学生观察图片探究问题：

(1)在家里你有没有帮父母做过家务？

(2)你做了哪些家务？你的感受是什么？

要求：先在小组内交流，后各组推荐代表上讲台交流分享。

生1：我帮父母做过家务，比如洗碗、拖地，我觉得既脏又辛苦。

生2：我在家会帮助爸爸妈妈收衣服、叠衣服，虽然是很小的事情，但是每天坚持去做也很辛苦。在整理衣服的过程中，我还学会了收纳物品。

生3：我很少帮爸爸妈妈做家务，因为爸爸妈妈总是说，家里的事不用我操心，对我而言，专心学习最重要。

师：确实是这样，有时候并不是我们不愿意做家务，而是家长们不让我们做。他们总是担心这个担心那个。但我们要尝试着去做家务，做家务不仅能够减轻家长的负担，而且在劳动的过程中，我们还会有很多收获。

师：刚才几位同学的分享非常精彩，做家务看起来是很小的事情，但是它不仅非常辛苦而且需要智慧。

【教学点评】　教师利用图片和音乐创设可以触动学生的场景。通过问题引领学生分享自己做家务的体验和感受，启发学生主动感知父母在家的辛苦。

活动三　自主探究　观察汇报

师：同学们，一天当中，我们有很多时候是和父母一起待在家中的，那么请你仔细回想一下，父母每天在家中都忙些什么呢？

师：老师在课前给大家布置了观察任务。你们都完成了吗？

生：完成啦！

师：下面我们一起来听一听小观察员们都观察到哪些内容。

生1：每天早晨，天刚刚亮，妈妈就起床准备早餐。吃完早餐，妈妈迅速收拾好碗筷，然后送我上学，她再去上班。下班后，妈妈会更加忙碌。她先从单位急匆匆赶到学校接我放学，然后买菜、做饭、洗碗、洗衣服、拖地、整理房间、给我辅导作业、给妹妹洗澡、陪我们读书、哄妹妹睡觉。当我和妹妹都入睡了，妈妈打开电脑又开始工作，有的时候她要一直忙碌到深夜，真的很辛苦。我觉得我的妈妈是一位超人，因为妈妈在家时总是很忙碌。

师：是的，你的妈妈是一位超人，一天连轴转呀，很辛苦，谢谢你的分享！

生2：我们家最忙碌的是爸爸。因为妈妈经常出差，所以家务基本上都是爸爸做。爸爸厨艺特别精湛，为了让我能多吃一点，爸爸每天花费很多时间在每一餐上。除此之外，爸爸还包揽了洗衣服、打扫房间等劳动。

师：这真是新时代好爸爸的楷模啊，为你的爸爸鼓掌！

生3：我的妈妈是一位家庭主妇，我以为妈妈不用上班应该很轻松，但是昨天我认真观察之后，发现我错了。妈妈除要洗衣、做饭、买菜、打扫家里卫生、送我上学之外，还要照顾长年瘫痪在床的奶奶，每天都忙到很晚，我觉得妈妈为这个家付出了太多。

师：妈妈为了家庭放弃了工作的机会，但并不表示妈妈在家就很轻松，她不仅非常忙碌而且很辛苦。你更需要主动关心、理解你的妈妈。

师：通过同学们的观察和分享，我们发现，爸爸妈妈在家时不停地忙碌，真辛苦呀！

【教学点评】 课前布置任务，让学生对父母一天的活动进行观察记录，通过自己的观察，了解父母在生活中的操劳，体会他们为家庭幸福和儿女成长的付出，激发学生对父母的感激之情。

导学三 父母工作真辛苦

活动四 了解不同工作的辛苦

师：同学们，父母在家里的辛劳，我们可以看得到。那么父母工作时辛苦吗？仔细观察，图中的父母是做什么的？他们的工作有多辛苦呢？

（PPT展示三张图片）

生1：图一这位妈妈在市场卖菜。每天天不亮，就要去菜场将蔬菜整理好，顾客来买菜的时候更加忙碌，连喝水的工夫都没有。

生2：图二这位家长是一位茶农。采茶的时候很辛苦，顶着烈日，长时间弯腰站在那，一天下来，腰酸背痛。

生 3:图三这位爸爸的工作离不开电脑,每天要用电脑处理很多业务,不能有丝毫的差错,眼睛盯着电脑屏幕,精神高度集中,一天下来,头晕眼花。

师:通过交流我们发现,不同的工作有不同的辛苦之处,爸爸妈妈无论做什么工作都不容易。

【教学点评】 通过分享,了解不同工作的辛苦,引发学生思考自己父母的工作情况。

活动五　情景表演　感恩感悟

师:同学们,我们可以通过哪些途径来了解父母的工作情况呢?

生 1:跟着爸爸妈妈去上班。

师:是的,如果能够跟着爸爸妈妈去上班,我们就可以直观地感受到爸爸妈妈工作的辛苦了。如果不能跟着父母去上班,我们还可以通过哪些方法了解父母工作的情况呢?

生 2:我们可以采访自己的爸爸妈妈。

师:这是个好办法!下面我们一起来看看一个叫洋洋的同学对她妈妈进行的访问实录。

课件出示课本第 27 页的访问实录,由学生分角色扮演洋洋(女儿)和妈妈。

(生 1 和生 2 上台表演)

其他同学观看并思考问题:你觉得洋洋妈妈的工作辛苦吗?辛苦在哪里?假如你是洋洋,你想对妈妈说些什么,做些什么呢?

生 1:我觉得洋洋妈妈的工作辛苦,因为她不能按时吃饭,而且为了不耽误大家坐车,平时连水都不敢多喝,担心上厕所延误开车。假如我是洋洋,我想说,妈妈您辛苦了,我要做个听话的孩子,少给您添麻烦。

生 2:我也觉得洋洋妈妈的工作很辛苦,因为她每天要起来特别早。假如我是洋洋,我想说,妈妈您放心吧,我早上会按时起床,按时吃早饭,按时上学,您不用操心我。

师:刚才两位同学回答得非常有道理,还有同学要补充吗?

生 3:是啊,洋洋妈妈负责首班车,除每天要早起,吃饭不能准时,水也不敢多喝以外,有时遇到特殊情况,还会遭乘客埋怨误解,工作真的很辛苦。假如我是洋洋,我想说,妈妈您一定不要着急,注意安全,我永远是您的开心果。

师:同学们分析得很有道理,从洋洋对妈妈的访问中,我们都感受到洋洋妈妈工作的辛苦。所以我们要学会体谅父母,少让父母为我们操心!

【教学点评】 通过学生的角色扮演,创设情境,让学生入情入境,借境悟理,主动学习。进一步激发他们想要了解自己父母工作情况的渴望。

师:那么,同学们你们的父母是做什么工作的?你们知道他们工作辛苦吗?

(通过同学们的回答可知,大多数同学不知道自己的爸爸妈妈做什么工作。)

师:老师为大家准备了信息访问表(PPT 展示),请同学们作小记者,课下对自己的爸爸或妈妈进行一次访问,并且记下访问实录。下节课请同学们互相交流、分享自己的访问实录,说一说通过访问,了解了爸爸或妈妈工作中的哪些辛苦之处,并且谈谈自己的感受。

【教学点评】 通过情景模拟、任务驱动,让学生形成良好的求知心理,提高探究实践能力。在实践中引发学生的情感共鸣,从而感恩父母的付出。

附:课后访问提纲

访问提纲			
访问对象		职业	
上班路程		工作时长	
访问人		访问时间	
问题一			
回答			
问题二			
回答			
问题三			
回答			
问题四			
回答			
小结与感悟			

导学四 总结升华

活动六 现场连线说出爱

师:同学们,通过这节课的学习,我们知道了爸爸妈妈在家里和工作上的辛苦。现在我想通过手机视频连线你们的爸爸妈妈,作为爸爸妈妈的孩子,你们有什么想对爸爸妈妈说的就大声说出来吧!

生1:爸爸您辛苦了,希望您原谅我之前的不懂事!

生2:妈妈,我爱您,您辛苦了!

生3:妈妈,谢谢您为我付出了这么多,我以后会更加努力地学习。

师:刚才几位同学表现得非常勇敢,敢于表达最真实的自己!从早到晚,爸爸妈妈总是在忙碌,为工作努力、为生活奔波、为我们操劳。我们体会到他们的辛苦,我们要用行动来表达对他们的爱,用实际行动感恩他们的付出。

【教学点评】 教师善于抓住时机,给学生提供表达的机会,让学生在真实的情境中表达对父母的爱、理解和感恩。

三、作业布置 课外延伸

1.根据访问提纲,完成对父母的访问。

2.一项永久的作业:尽孝在当下,每天帮助父母做一件事情,并记录下来。

【作业反馈】 除三位留守儿童外,其他同学都完成了作业,大部分同学完成得比较认真,少量同学较为敷衍。根据情况,建议三位留守儿童可以采取电话或者网络视频的方式对父母进行访问。较为敷衍的同学,由老师个别指导,让他们重新完成。经过再指导、再反馈,每位学生都很好地完成了作业1。至于作业2,同学们当天完成情况都非常好(建议三位留守儿童每天帮助爷爷奶奶做一件事),有的同学不止记录了一件事,老师及时予以了表扬,但由于这是一项长期作业,老师还需要持续跟踪。

根据学生完成的采访记录表,老师进一步加以分析,了解到个别同学的家长工作非常繁忙,陪伴孩子的时间很少,老师与这些同学分别进行了谈话,引导他们要学会积极主动地了解、关心、理解父母,爱父母就要落实到行动上，少给父母添麻烦。另外有两位同学家庭较特殊，在征得学生同意的情况下，老师对他们进行了家访。总之，通过此次作业反馈，一方面，同学们深入了解了父母在家里和工作中的辛劳，促使他们学会主动关心父母、感恩父母；另一方面，老师对同学们的家庭情况有了更深入的了解，拉近了老师与学生之间的距离。

附：板书设计

4. 少让父母为我操心

爸爸妈妈多辛苦

家里的辛苦｝
上班的辛苦｝感恩父母

（执教者：合肥市第六十八中学、合肥师范学院2019级教育硕士 高玲芝）

【教学总评】

在“爸爸妈妈多辛苦”这节课的教学中，探索教师交往领导力、学生自主性，以及师生关系亲密度的发展。

一是探索教师教学交往行为领导力的发展。本节课教学目标明确，通过四个导学导悟，设置六个活动，并且遵循学生思想品德发展的规律，晓之以理（知道并理解父母的辛苦）—动之以情（感恩父母）—践之以行（用实际行动去了解父母，少给父母添麻烦）—持之以恒（一项永久的作业：尽孝在当下），结构清晰，层层递进，使学生在学习知识的同时，情感也得到升华。在这一教学过程中，教师充分发挥主导作用，体现了教师课堂教学的领导力。

二是探索课堂教学交往行为中学生自主性的发展。教师在课堂教学中尊重学生的主体地位，通过自主探究、自主观察、自主访问等激发学生的学习主动性和积极性。例如，通过访问活动引导学生观察生活，发现问题，主动感悟，体会父母工作的辛劳，也培养了学生交流和思考的能力。教师创造性地使用教材，善于创设不同的情境，比如，把图文材料转换成学生有声有色的情景表演等，将学生带入到学习中。生活情境的创设，不但可使教学内容具体化，而且让学生产生学习的需要，进而能够完成自主学习。

三是探索师生关系亲密度的发展。教师运用视频、图片等多种教学媒体资源增加了课的容量，使课堂生动有趣。在教学中，教师给学生充分分享和表达的机会，善于倾听，抓住时机，因势利导。特别是在作业布置与反馈中，教师乐于指导、善于引导，对于作业完成不好的同学进行个别指导，使学生树立正确的价值观；对于有特殊情况不能完成作业的学生，老师表示理解，并主动提出解决方案，化解学生因父母不在身边而产生的尴尬；对于家庭情况特殊的学生，经学生同意后老师进行家访，深入学生家庭关心学生，满足学生的心理需求。总之，学生与老师之间是一种相互尊重、平等、信任的关系，教师是学生学习的指导者和促进者，二者亦师亦友。教师在课堂内外对学生的人文关怀，不仅能帮助学生解决在学习过程中遇到的难题，而且能够通过这种方式打造更加和谐亲密的师生关系，这种师生关系也必将反哺于教师以后的教学。

（评析人：汪昌华　余燕来）

第六章

改善小学师生关系的科学类课程教学课例研究

教学课例1 小学数学三年级《多位数乘一位数》

【教学内容】

苏教版小学数学三年级上册《多位数乘一位数》。

【教学目标】

1. 让学生经历探索多位数乘一位数(不进位)的计算过程,理解多位数乘一位数的算理,并掌握计算方法。

2. 沟通知识前后的联系,让学生体验转化策略的价值,培养学生迁移类推的能力。

3. 培养学生独立思考与合作交流的学习方法,增强数学应用意识。

【教学重难点】

教学重点:探索并掌握两位数乘一位数不进位的计算方法。类比推理多位数乘一位数不进位的计算方法。

教学难点:理解竖式计算原理,掌握竖式计算方法。

【教学准备】

多媒体课件、练习纸等。

【课堂实录】

一、激趣导入

师：昨天的《数学西游记》我们说到大象帮数学猴盖好新房，许多动物都要前来祝贺，小猴一家准备用什么来招待客人呢？我们一起去看看。

（播放课件和音频“我摘了 12 个桃，你也摘了 12 个桃，我摘的和你们的同样多。”）

师：看了这副情景图，听了小猴的话，你知道了哪些信息？

生 1：有 3 只猴子在采桃。

生 2：一只猴子采了 12 个，另一只猴子也采了 12 个，第三只也摘了 12 个。

生 3：12 个桃都是 10 个放在一个筐里，2 个放在另一个筐里。

师：原来小猴要请客人们吃桃子呢。你能提出一个数学问题吗？

生：三只小猴一共摘了多少个桃？

二、探究新知

（一）直观观察，感知算理

师：求三只小猴一共摘了多少个桃，怎样列式呢？

生 1：12＋12＋12

生 2：3×12

生 3：12×3

师：不计算，你能知道 12×3 等于多少吗？先在小组里说说自己的想法。

生 1：我看图知道的，左边每个篮子里有 10 个桃，3 篮就是 30 个，右边每个篮子里有 2 个桃，3 篮就是 6 个，合起来是 36 个。

生 2：我是摆小棒知道的，一只猴子摘 12 个桃，就摆 1 捆和 2 根小棒，三只猴子都摘 12 个，就摆 3 个 1 捆和 3 个 2 根小棒，一共就是 36。

生 3：我是用圆圈代表桃，画图知道的。

师：直接看图就能知道结果，摆小棒也能解决问题，如果没有图，自己画图更是解决问题的好办法，太棒了，谢谢你们。

师:请同学们也像他们一样,看图或者摆小棒说说怎么得出 12×3=36。

(生自由讨论)

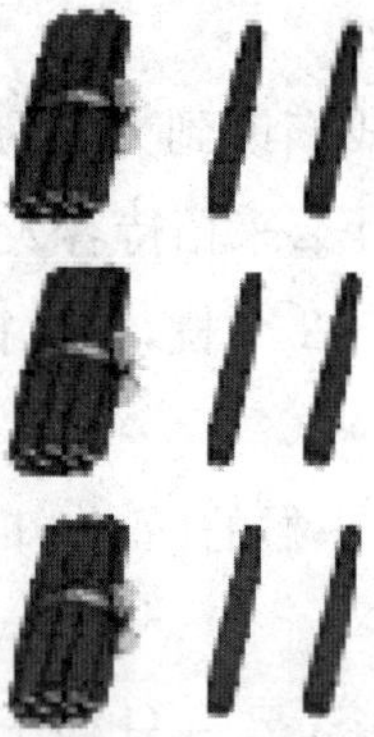

(二)数形结合,理解算理

师:你怎么算出 36 呢?先在练习纸上试一试,然后把你的想法在小组里说一说。

(巡视指导,让学生在卡纸上写出各自的计算方法)

全班交流,出示: 方法 1:

$$\begin{array}{r} 12 \\ 12 \\ +\ 12 \\ \hline 36 \end{array}$$

方法 2:3 个 10 是 30,3 个 2 是 6,合起来是 36;

方法 3:3×2=6,3×10=30, 30+6=36。

师:你能看懂哪种方法?就到黑板前结合图给大家说一说你的想法。

生 1:我能看懂第 2 种方法,3 个 10 是 30 就是算左边 3 篮一共有 30 个,3 个 2是 6 就是算右边 3 篮是 6 个,36 就是把左边和右边篮子里的桃合起来。

生:我能看懂第 3 种方法, 3×10=30,是算图中左边 3 篮,是 3 个 10,

3×2＝6是算图中右边 3 篮，是 3 个 2，30＋6＝36 ，是把图中左右两边合起来。

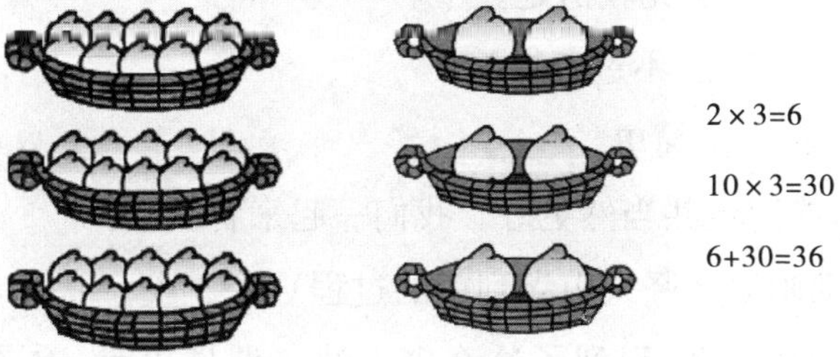

师：谁能结合图说说连加竖式中的个位和十位分别计算什么？

生：3 个 12 相加，个位的 2 表示右边每篮 2 个，一共有 3 个 2，是 6 个，十位上的 1 表示左边每篮 10 个，一共有 3 个 10，是 30 个，合起来是 36 个。

（三）沟通联系，掌握算法

师：还有两位同学是这样计算的。（出示乘法竖式）

方法 4：

$$\begin{array}{r} 1\ 2 \\ \times\quad 3 \\ \hline 6 \\ 3\ 0 \\ \hline 3\ 6 \end{array}$$

方法 5：

$$\begin{array}{r} 1\ 2 \\ \times\quad 3 \\ \hline 3\ 6 \end{array}$$

师：请你用前面的算法解释竖式每一步的意思。

生：我先用 3 乘 2 得到 6，再用 3 乘 10 得到 30 ，3 写在十位上就是 36。

生：3 个 2 是 6，写 6，3 个 10 是 30，在 6 的下面写 30，6＋30＝36。

师：谁还有不明白的要问，或有问题要考考他们？

生 2：3 和个位上的 2 已经乘过了，为什么还要和十位上的 1 相乘？

生：这个竖式表示 3 个 12，桃子图也表示 3 个 12，12 分成两部分 10＋2，3 个 12 也随着分成两部分，一部分是 3 个 2，另一部分是 3 个 10，竖式中个位上的 2×3 是算 3 个 2 这一部分，十位上的 1×3 是算 3 个 10 这一部分，36 就是两部分合起来，如果只算 3 个 2，不算 3 个 10，那就表示还没有算完。

生：3 和十位上的 1 相乘等于 30，30 加 6 才等于 36，你的 30 哪里去了？

生：（到黑板前指着自己的算法）3 和十位上的 1 相乘得到 30 可以写在 6 的下面，6 和 0 对齐，任何一个数和 0 相加都等于原来的数，这样可以简化一点，我就直接把 3 写到十位表示 30 了。

师:大家观察都很仔细,你觉得这两种方法怎么样?

生1:第4种方法比较清楚。

生2:清楚是清楚,不过有点繁。

生3:第5种方法简单。

师:是啊,能简单些当然更好。我们一起来看屏幕。

(屏幕上动画演示竖式由繁到简的过程)

师:同学们真厉害,想到了这么多方法,(课件出示:看图;口算;连加竖式、乘法竖式)这些方法的计算过程有什么相同的地方?

生:三种计算方法的第一步都是算图中右边的3个2是6,第二步都是算图中左边的3个10是30,第三步都是把图中左右两边合起来是36。

(学生回答,课件依次演示)

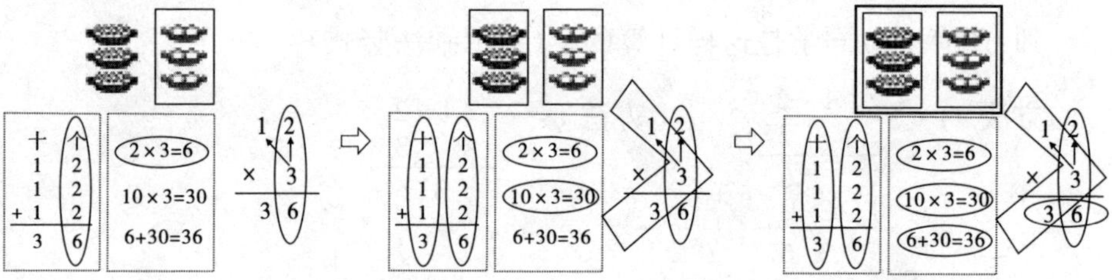

师:虽然方法不同,但算理都是一样的,乘法也可以像加减法一样用竖式计算,这种方法就是笔算乘法(板书课题),是今后计算乘法的通用方法,下面我们一起来回顾整个计算过程,你们说,我来写。

生:先写12,再在12的下面写"×3",画"____"(师:3要和个位的2对齐,等于号要用尺子画)3乘2等于6,6写在个位,表示6个桃,3乘十位上的1等于3,表示30个桃,3写在十位,12乘3等于36。

三、巩固迁移

(一)自己试试行吗?完成练习纸上第1题,做完后同桌相互检查并说说计算过程

1. $\begin{array}{r} 34 \\ \times\ \ 2 \\ \hline \end{array}$ $\begin{array}{r} 31 \\ \times\ \ 3 \\ \hline \end{array}$ $\begin{array}{r} 131 \\ \times\ \ \ 3 \\ \hline \end{array}$

师：第三小题计算时与前两题有什么相同点和不同点？

生：相同点都是一位数先和个位数乘，再和十位数乘，不同点是第三小题的 3 还要和百位上的 1 相乘得到 3 个百。

生：前面两题是两位数乘一位数，第三小题是三位数乘一位数，是 3 个 131，计算时记住 3 还要和 100 相乘。

师：如果是 $\begin{array}{r} 2\ 1\ 2\ 3 \\ \times \quad\quad 3 \\ \hline \end{array}$，你会算吗？

师：谁来说说你是怎么计算的？

生：先乘个位，再乘十位，接着乘百位，最后乘千位。

师：这是笔算乘法的基本方法，了不起，四位数都会乘。

（二）自己列竖式计算

21×3＝　　　　2×14＝　　　　423×2＝

师巡视关注 2×14 的竖式写法，学生完成后课件出示答案，集体订正。

（三）解决实际问题

1. 买 4 辆玩具车要多少元？

2. 买 3 个机器人要多少元？

3. 你能提一个用乘法解决的问题并解答吗？

四、回顾提升

师：这节课你有什么收获？

生：我学会了多位数乘一位数，就是先乘个位，再乘十位，接着乘百位、千位。

生：五位数乘一位数我都会乘了，就是用一位数和五位数的每一位相乘，乘到哪一位，积就写在哪一位的下面。

师：你真了不起。

生：我还知道，为什么计算 12 乘 3 时 3 和个位上的 2 相乘后还要和十位上的 1 相乘，因为 12 乘 3 是 3 个 12 相加，12 可以分成 10＋2，所以算 3 个 2 后，还要算 3 个 10。

师:太棒了,你不仅知道怎么算,还知道为什么要这样算。

师:当面对一个新知识时,你可能会用哪些策略来解决?

生:看图或者画图。

生:我摆小棒。

生:可以把新知识转化成以前学过的知识,再想出解决新知识的办法。

师:对呀,同学们,学习数学不仅仅是学会做题哦,学会思考会让你们变得越来越聪明!下课。

(执教者:合肥市华山路小学　余燕来)

【教学总评】

本节课作为"教师教学影响力与亲密度"课题研究课例,充分体现了教者对课题核心理念的理解和课题研究内容的把握,整个教学过程,可谓于平实中见新奇,于平淡中见功力。在领导力、严格性和学生自主性上,教师教学影响力尤为明显,这与教者正确处理四个"结合"是分不开的。

1.情境创设与复习铺垫的有效结合。新课改提倡情境创设,通过创设情境来激发学生的学习兴趣,让情境为学生学习数学知识和技能提供支撑,为学生学习数学服务。教者在课堂上呈现了许多生动的故事和精彩的动画课件,起到了明显的作用。在导入时,教师不是一味地追求情境的新奇,而是根据教学需要,为学生找准新知的生长点,创设了小猴子带来的问题这一简单情境,学生自主探究多种解决问题的方法,沟通新旧知识间的联系,渗透转化数学思想,培养了学生的类比迁移能力。

2.算理直观与算法抽象的有效结合。在教学中,教师采用直观教学的手段,化抽象为具体,调动了学生的积极性,提高了他们的注意力,突出重点,突破难点,取得了良好的教学效果。充分发挥情景图的作用,数形结合,感知算理,尊重学生已有的知识经验,沟通算法之间的联系,理解算理,学习抽象的算法。通过"你能看懂哪种方法?就到黑板前结合图给大家说一说你的想法。""这些方法的计算过程有什么相同的地方?"引导学生把视角投向竖式计算:12×3,该分两步计算,先算3乘2,就是算了右边3个篮里的6个桃;然后算10乘3,就是算了左边3个篮里的桃;最后把30和6加起来。在教师引导下,学生通过联系主题图、连加、口算很直观、明了地理解"虽然算法不同,但算理相同”。学生学得很投入，理解得也很透彻。

3.算法多样化与算法最优化的有效结合。对一道计算题来说，计算的方法可以是多样的，只要思维方法和过程合理、合乎逻辑，就应加以肯定。教师在教学 12×3 的时候，充分尊重学生的个性，引导学生调动计算方面的已有知识和生活经验，采用适合自己的方式和策略主动寻求问题的解决；再通过自主探索、交流，形成自己的方法，并对自己的算法加以调整和修正，获得成功的体验。如在学生探究出竖式计算的“原始”算法和“简便”写法之后，教师没有直接给出定论，而是让学生观察比较，得出“能简单些当然更好”，接着顺应学生思维，动画演示“由繁到简”的竖式，学生对简便写法的印象十分深刻。教师很好地处理了算法多样化与算法最优化的矛盾，使两者得以完美的统一。

4.学生探究与适时引导的有机结合。在学生进行探究时，教师不是看客，而是参与者和引导者。本节课中教师审时度势，注意进行必要的引导。例如，在得出乘法竖式通法后，引导学生追问“为什么 3 还要和十位上的 1 相乘”这个问题，不仅巩固了学生对算理的理解，也从源头上防止了学生受加减法竖式的负迁移，习惯性地把十位上的 1 直接带下来、潜移默化地培养了学生比较反思的意识和能力。拓展练习时，比较两、三位数乘一位数的异同，由于教师组织学生自主探究时，创建了民主开放、积极互动的课堂氛围，注重师生之间动态的信息交流、沟通和补充，算理理解透彻，因此实现了知识的有效迁移，学生轻松完成了四位数乘一位数的计算，增强了他们的成就感，激发了他们的求知欲。

（评析人：汪昌华　方义伦）

教学课例 2　小学数学五年级《钉子板上的多边形》

【教学内容】

苏教版小学数学五年级上册《钉子板上的多边形》。

【教学目标】

1. 引导学生发现并用字母表示钉子板上多边形的面积与围成多边形的边、内部钉子数之间的关系，渗透数形结合和符号的数学思想，发展空间观念。

2. 通过动手操作、观察类比、分析归纳、合作交流等一系列探究活动，培养学生比较、分析、推理和抽象概括的能力。

3. 让学生积累数学活动经验，提高学习数学的兴趣，了解解决问题的一般过程和方法。

【教学重难点】

教学重点：钉子板上多边形的面积与围成多边形的边、内部钉子数之间的关系。

教学难点：数形结合的思想。

【教学准备】

课件、个人学习材料、4 人小组学习材料等。

【课堂实录】

一、问题导入

师：这是一块钉子板，每相邻两个钉子之间的距离为 1 厘米，这个正方形的面积是多少？

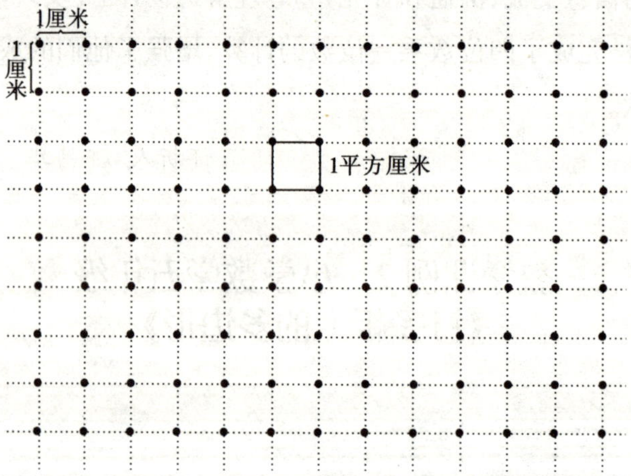

生:1 平方厘米。

师:老师在钉子板上围了一个多边形,有什么办法可以知道它的面积?

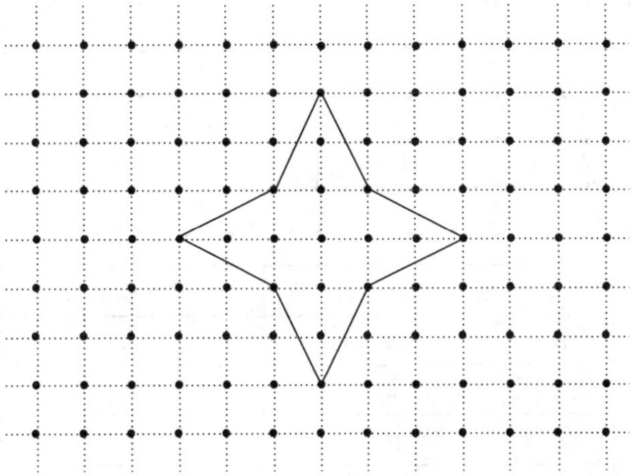

生 1:数方格的方法。满格算 1 平方厘米,不满 1 格的算 0.5 平方厘米。

生 2:把它分割成 4 个三角形和 1 个正方形,算出它们面积的总和。

师:能不能用钉子数来计算多边形的面积呢?我们这节课就来探索多边形的面积和钉子数之间的关系。

齐读课题:钉子板上的多边形。(板书课题)

【教学点评】 数形结合,问题导入,以学生为主体,开启探究之旅。语言简练,富有逻辑性,引导有力,充满启发性。

二、自主探究

(一)自主探究内部钉子数是 0 的规律

1. 引导学生自主探究。

师:我们先从长方形开始探索,这个长方形 4 条边上共有多少个钉子?面积是多少?

生:2 平方厘米。它是由 2 个面积是 1 平方厘米的小方格组成的。

师:还有 3 个长方形,它们的面积和边上的钉子数各是多少?请同学们打开学习材料 1。数一数,算一算,将结果填入表中。

师:(巡视)提醒学生观察表格中的数据,猜一猜如何根据图形边上的钉子数算出长方形的面积呢？先想一想，再与同桌讨论。

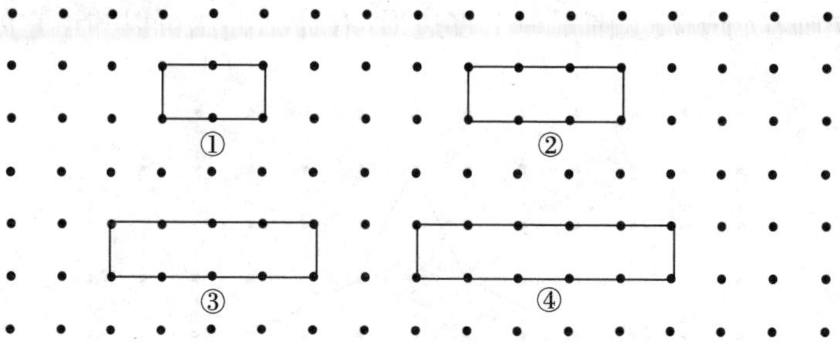

图形编号	长方形边上的钉子数	长方形的面积
①	6	2
②	8	3
③	10	4
④	12	5

2.师生合作共同交流。

师:观察表中的数据,请说说你的猜想是什么?

生:第一个长方形,可以用 6÷2－1＝2;第二个长方形,可以用 8÷2－1＝3;……我的猜想是用边上的钉子数除以 2 再减去 1 就是长方形的面积。

3.引导学生表达规律。

师:如果用 n 表示长方形边上的钉子数,用 S 表示面积,那么长方形的面积怎么表示?(板书:边上的钉子数和面积)你们能用含有字母的式子表示出刚才的猜想吗?

生:S＝n÷2－1

4.师生合作验证规律。

师:这是我们的猜想。我们再次观察 4 个长方形,想一想为什么可以用边上的钉子数除以 2 再减去 1 就能算出长方形的面积呢?小组内相互交流。

生 1:这个长方形边上一共有 6 枚钉子,除以 2,得到一行 3 枚钉子数,3 个钉子之间有 2 个间隔,所以要减去 1,就是长方形的长,再乘宽 1,得到面积 2 平方厘米。……

师:原来 n÷2 是长方形上面一行的钉子数,减去 1 得到长方形的长,再乘宽就是长方形的面积。由于宽是 1,因此面积数和长的长度数是一样的。

因此，可以用 n÷2－1 求出长方形的面积数。

5.学生拓展运用规律。

师：从对 4 个长方形的研究中我们得出一个猜想，利用边上的钉子数可以算出长方形的面积，那换个图形呢？在钉子板上围 4 个形状各异的多边形，请你们猜想如何来计算它们的面积。

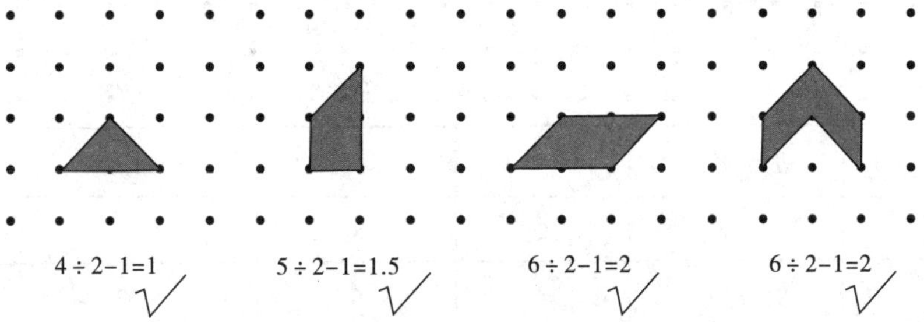

生 1：边上的钉子数是 4，4÷2－1＝1。边上的钉子数是 5，5÷2－1＝1.5。……

这个猜想是正确的，可以计算三角形、梯形、平行四边形和一些不规则图形的面积。

生 2：这个猜想只适合高是 1 或者边长是 1 的图形，如果图形的高不是 1 或者边长不是 1，那么它们的长和面积就不一样了。

师：这个同学的观察非常细致！她发现这些地方（师在图形中分别指出）都是 1 的时候，猜想是可以的。

生 3：如果这些地方不是 1 的时候，猜想就不行了，如果是 2，可能就会用 n÷2－2 了。

师：这位同学提出了自己的疑惑，猜想 S＝n÷2－1 可能不适合所有钉子板上的多边形？看来我们的研究还要继续。

（二）自主探究内部钉子数不是 0 的规律

1.学生尝试运用规律解决新问题。

师：小组合作探究下面几个多边形的面积。听清学习要求：先根据图形共同完成学习单，再判断猜想 S＝n÷2－1 在这里能不能正确算出它们的面积？

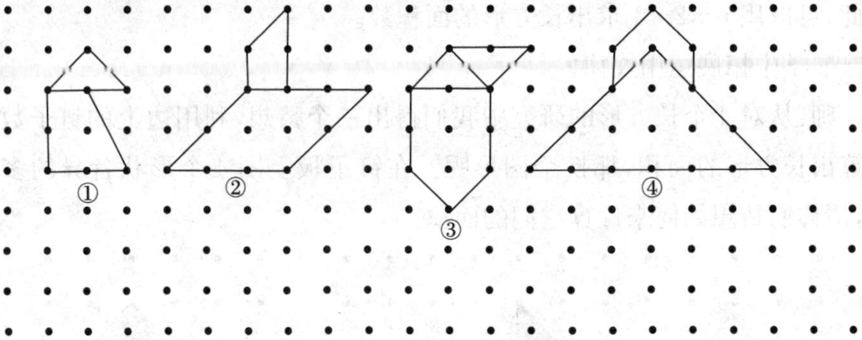

编号	边上的钉子数	n÷2-1	实际面积数	相差数
①	6	2	3	1
②	10	4	6	2
③	8	3	6	3
④	12	5	9	4

2. 学生分析规律出现问题的原因。

师:我们一起讨论猜想在这里是否可行?

生:不行。图①n÷2－1＝2,实际面积是3,相差1;图②n÷2－1＝4,实际面积是6,相差2;……

师:每次根据猜想计算的结果都和实际面积不一样。为什么计算第一行的多边形面积时猜想是可行的,计算第二行的多边形面积时猜想就行不通了?

生:第一行的多边形宽是1厘米,第二行的多边形宽不是1厘米,有的是2厘米,有的是3厘米。第一行的内部没有钉子,第二行的内部有钉子。

3. 师生合作探究内部钉子数是a的规律。

师:原来图形内部出现了钉子,所以根据猜想计算就不可行了。观察图形和表格中的数据,想一想怎么算出4个图形的面积呢?

生:可以在猜想n÷2－1的后面加上内部的钉子数就能得到图形的面积数。第一个图形n÷2－1的结果是2加上内部的1枚钉子等于3,就是面积数。第二个图形n÷2－1的结果是4加上内部的2枚钉子等于6,就是面积数。……

师:你们太棒了!只要在猜想的后面加上内部的钉子数就可以了。看来

多边形的面积既要考虑边上的钉子数，也要考虑内部的钉子数。（板书：内部的钉子数）

师：当多边形内部有 1 枚、2 枚、3 枚、4 枚钉子时，面积是多少？

生 1：当多边形内部有 1 枚钉子时，面积是 n÷2－1＋1；当多边形内部有 2 枚钉子时，面积是 n÷2－1＋2；……

师：第一行的多边形，图形内部没有钉子，也就是在 n÷2－1 的后面加上 0。依照这样的原理，当内部有 6 枚钉子时，面积怎么计算呢？20 枚呢？

生：S＝n÷2－1＋6；S＝n÷2－1＋20

师：当内部有 a 枚钉子时，多边形的面积应怎样计算？

生：S＝n÷2－1＋a

师：这是我们的推想。奥地利数学家皮克最早发现了这个规律，这个规律被命名为“皮克定理”。今天通过探索学习，我们五(5)班孩子发现了这一规律，掌声送给最棒的你们！

（三）回顾反思探究规律的过程

师：我们一起来回顾探索规律的过程。

（学生根据教师的课件回忆、总结探索规律的一般过程和方法，教师板书：观察　猜测　验证　结论）

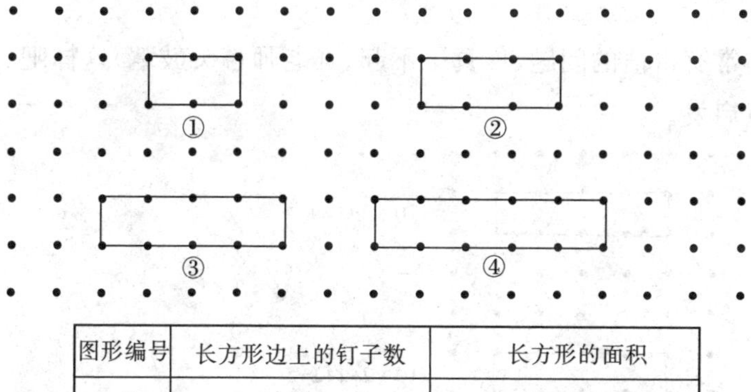

图形编号	长方形边上的钉子数	长方形的面积
①	6	2
②	8	3
③	10	4
④	12	5

S=n ÷ 2-1

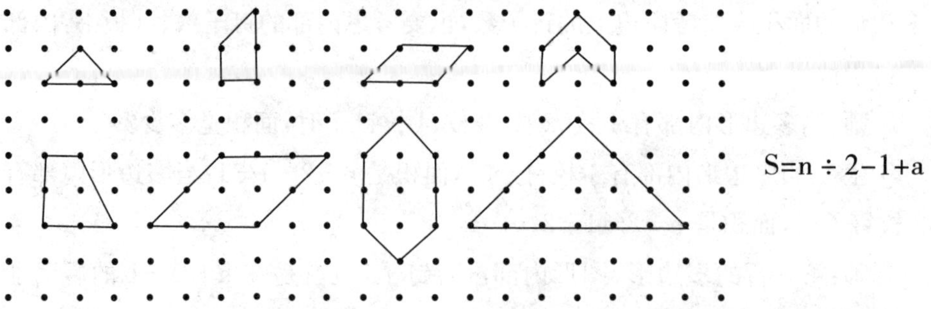

【教学点评】 设计尝试—探究—表达规律—反思等环节,引导学生自主合作探究内部钉子数是0、不是0、是a等三种情况的规律,设计逻辑严密,充分发挥学生的自主性。设计作业单,严格落实教学目标。师生交流沟通,在质疑争鸣中发现真理,师生关系民主、开放、和谐。

三、总结

师:通过这节课的学习,同学们有什么收获和疑惑?

生:我知道了如何计算钉子板上多边形的面积,可以用 $n\div2-1+a$ 的方法求出多边形的面积。我还知道可以采用观察—猜测—验证—结论的方法探索出新的规律。

生:老师,为什么在 $n\div2-1$ 的后面加上内部的钉子数a,就能算出所有多边形的面积呢?

师:这是一个非常有价值的问题,你真了不起。(老师带头鼓掌)这样吧,时间紧,给大家一点启发。

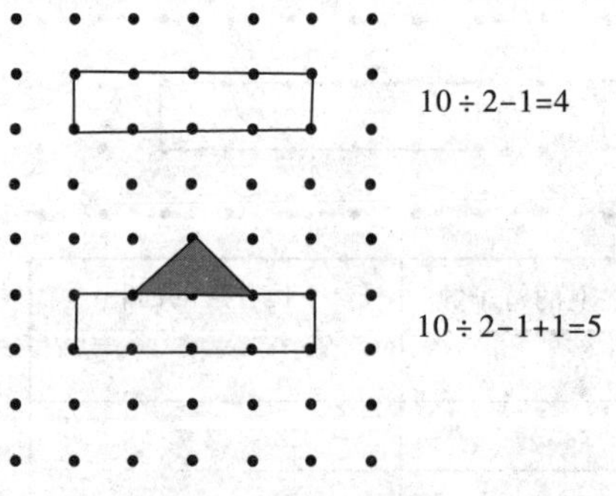

长方形内部没有钉子时,可以用 $10\div2-1=4$,当内部出现1枚钉子时,边上的钉子数仍然是10,面积增加了1平方厘米。请观察上图,谁能发现其

中的秘密？

生 1：增加一枚钉子，就突出一个三角形，面积正好是 1 平方厘米。换个位置加 1 枚钉子，可能也会是这样，就是要把长方形挤变形。

师：你这个"挤"字用得太形象了，让我们立马感受到内部增加钉子前后面积的变化。（自发掌声）如果内部的钉子数是 2 枚、3 枚时，又会是怎样呢？课下请同学们组建学习共同体，共同探讨。

【教学点评】 设计开放性问题，给学生自由思考的空间，充分发挥学生的自主性。

四、作业与反馈

必做题：用发现的规律计算下面钉子板上围成的多边形的面积。

选做题：组建 4 人学习共同体，研究内部有钉子时计算面积为什么要在 n÷2－1 的后面加上内部的钉子数？

【作业反馈】 根据第二天提交的作业，必做题正确率非常高。33 人组建了 8 个学习共同体进行了探究与分享。

【教学点评】 设计基本知识与思维拓展作业，仔细检查学生作业完成情况。高标准，严要求。

（执教者：合肥市华山路小学　方义伦）

【教学总评】

在《钉子板上的多边形》一课的教学交往中，探索提升师生关系影响力和亲密度的策略。

其一，从教师教学交往行为的领导力、严格性及学生自主性几方面，探索提升师生关系的影响力。

一是教师通过指导学生观察、猜测、验证、结论这一探究过程，学习钉子板上多边形的面积与边上、内部钉子数之间的关系，渗透数形结合的思想，发展学生的空间观念，从知识与技能、过程与方法、情感态度价值观三个方面设计教学，目标明确。教学设计环环相扣，逻辑严密，讲解清晰，引导有力，教师教学交往领导力强。

二是学生通过观察、猜测、验证、结论这一过程，进行自主合作探究，亲历科学家发现的过程，充分发挥自主性。设计开放性问题，给学生思考的空间，激发他们的创造性。

三是对于新知识的教学，设计作业单，一步步落实教学目标。作业设计注重个体基础知识掌握与群体合作思维拓展，并仔细检查作业完成情况，确保教学目标的实现。

其二，教师在指导学生观察、猜测、验证、结论这一教学交往中，引导帮助学生，启发、诱导、激励学生，师生关系友好。师生在质疑、争鸣中发现规律，相互理解。

（评析人：汪昌华　余燕来）

教学课例3　小学数学五年级《复式统计表》

【教学内容】

苏教版小学数学五年级上册第84～85页例1及随后的“练一练”。

【教学目标】

1. 让学生在具体的统计活动中认识复式统计表，能根据收集、整理的数据正确填写复式统计表，能对统计表中的数据进行简单的分析。

2. 使学生基于解决问题的需要经历收集、整理、描述和分析数据的过程，体会数据中蕴含的丰富信息，进一步增强数据分析观念。

3. 让学生在活动过程中体会数学的好玩，感受统计与现实生活的密切联系，增强学数学、用数学的主动性和积极性。

【教学重难点】

教学重点：认识复式统计表的结构，会填写复式统计表，并能对统计表中的数据进行简单的分析。

教学难点：根据统计表中的数据分析问题。

【教学准备】

多媒体课件、在四人一小组的信封中装四张单式统计表。

【课堂实录】

一、创设情境，产生合并统计表的需求

（出示情境图和四张单式统计表）

师：同学们，上课前咱们先欣赏一些照片，这是我们华山路小学同学们参加社团的照片，这是古筝社团、舞蹈社团、鼓号队、棒垒球、足球社团。

（出示课件）其中五年级有四个兴趣小组深受同学们喜欢，课前我对这四个兴趣小组的人数进行了统计。从这四张统计表中你能获得哪些信息？

（学生根据每个统计表分别说出获得的信息）

师：同学们，你们一下子说出了这么多信息，真不错！刚才我看见还有许多同学在举手，别着急，都有机会！接下来我们玩抢答游戏，可以直接抢答哦，准备好了吗？（生跃跃欲试）

师：古筝小组男生有几人？小提琴小组一共多少人？

师：哪个小组的男生人数最多？

生：葫芦丝小组。

师：哪个小组的总人数最少？

生：笛子小组。

师：四个小组男生一共有多少人？

（生速度慢下来了）

师：我发现刚才你们回答第三个问题时，你们的小眼睛一会儿看看这张表，一会儿看看那张表，一会儿又看这张表，什么感觉？（没人回答时，问：麻烦不麻烦？）

生：很麻烦。

二、经历过程，初步认识复式统计表

(一)在矛盾中达成方法的共识

师：有什么好的方法让我们看起来不那么麻烦呢？

生：把四张统计表合在一起。

师：好主意！究竟应怎样整理呢？整理后的统计表会是什么样子？现在请同学们四人一组，组长拿取信封，里面有四张统计表，请你们想办法把它们变成一张统计表。(生分组活动)

(二)在交流中呈现复式统计表

1. 第一幅作品。

五年级古筝兴趣小组统计表

2016 年 9 月

性别	合计	男	女
人数	28	7	21
性别	合计	男	女
人数	27	17	10
性别	合计	男	女
人数	30	14	16

师：老师收集了两幅作品，一起来看看他们的想法。

师：你们观察下，他们组设计得怎么样？评价别人时，我们要先学会欣赏他们的优点，然后再给他们提出更好的建议。

生：设计得好，他们把男生放在一列，女生放在一列，可以看得很清楚。

生：要看哪个组男生人数或者女生人数多，只要看一列数字就行了，真的很方便。

2. 第二幅作品。

五年级古筝兴趣小组统计表

2016 年 9 月

性别	合计	男	女
人数	28	7	21
人数	27	17	10
人数	22	16	6
人数	30	14	16

师：再来看看这幅作品，和第一幅作品有什么不一样？

生：他们把每一张表都有的性别栏去掉了。这样看起来更简洁！

（教师把小组的想法用多媒体展示）

生：他们上面放的是古筝小组的信息，那葫芦丝小组、笛子小组、小提琴小组的信息跑哪去了？

生：将表格中的第一列分别注明：古筝小组、葫芦丝小组、笛子小组、小提琴小组。

师：大家同意吗？这里只要稍微修改一下，前面注明是哪个小组，信息才不会混淆。（结合学生回答，教师在课件上修改）

（三）在需求中完善复式统计表，并加以认识

1. 认识“总计”。

师：老师想从表格中一眼看出共有多少男生，多少女生，四个小组共有多少人，可以吗？

生：不可以。

生：我们可以算一算，把结果填在表格的上面或下面。

师：老师明白你的意思。为了方便看出男女生的总人数，我们可以在这张统计表上加上一栏“总计”，一般将“总计”放在第二行。（课件出示“总计”，并闪烁男生总人数一格）

师：这一格表示什么呢？

生：表示男生一共有多少人？

师：怎么看出来的？

生：这一列是男生的信息。

师：那这一行都表示男生一共有多少人？（手指统计表）

生：不是，因为这一行是总计。

生：（手指统计表）这一行是总计，这一列是男生的信息，这格表示男生共有多少人？这一列是女生的信息，这格表示女生共有多少人？这一列是每个小组学生总数的信息，这格表示四个小组一共有多少人？

（要求和同桌交替指着复式统计表说一说每格表示的意思）

师:这三个空格你们准备先算哪一个?

生:先分别算出男、女生人数,再算出总人数。

(生动手算一算,填一填)

师:四个小组总人数呢? 可以怎么算?

生:用男生的总计加上女生的总计,得到107人。

生:还可以将4个小组人数相加,用简便方法计算,先算28+22=50,再算50+30=80,80+27=107。

师:真好,总人数可以竖着计算,也可以横着计算,两种方法都可以。统计表中总人数这个数据很特殊,统计的数据到底是对还是不对,就可以在这里验证出来。如果两种算法的结果一样,说明我们统计时是正确的,如果统计结果不一样,说明我们中间统计的数据肯定出错了,我们得重新统计。

2.认识表头、标题。

生:以前的统计表有标题和统计时间,今天的统计表有没有?

师:今天的统计表当然也有,由于统计内容变多了,因此标题、表头会有一些变化,我们一起看看。

生:标题要改,应该改成华山路小学五年级乐器兴趣小组人数统计表。(师课件演示修改)

生:性别那栏不行,应该改成兴趣小组的名字。

生:不行,性别就看不到了。

师:看来这个表头代表的信息很多,从表头中我们要看出哪些信息?

生:要看出横着的性别,竖着的兴趣小组,还要看出数字代表什么意思?

师:这位同学说得非常好! 掌声送给他! 从表头中我们应该能发现表格反映的全部内容,既要体现性别,又要体现组别,还要体现数据。数学上一般用两条斜线将这栏分成三部分。(结合课件演示)右上这部分对应横栏内容,写上性别,左下这部分对应竖栏内容,写上组别,中间对应表格中的数据,因此写上数量/人。

师:经过我们的共同努力,一张新的统计表完美地呈现在大家面前了。如果把刚才的几张统计表叫作“单式统计表”,你们创造的这张统计表复杂了很多,可以叫?

生:复式统计表。(师板书课题)

3. 认识复式统计表的结构。

师:仔细观察,复式统计表由哪几个部分组成?

(结合学生回答,课件依次闪烁标题、日期等,并板书:表头、横栏、竖栏、数据)

请同学们认真填写表格。师:能读懂这些数据吗?如果去掉几个数据,你能将它们补充完整吗?(课件依次闪烁数据22、7、53,指名说说它们各自表示什么意思?你是怎么计算的?)

4. 体会复式统计表的价值。

师:如果华山路小学的余校长想了解学校五年级乐器兴趣小组的人数情况,你们觉得给他哪份统计表合适呢,是四张单式统计表还是一张复式统计表?(课件对比出示两种统计表)

生:复式统计表。因为单式统计表看不出一共有多少男生,多少女生,四个小组一共有多少人。

生:复式统计表,余校长想了解整个五年级乐器兴趣小组的人数情况,单式统计表只能看出一个小组的信息,复式统计表不但能看出每个小组的信息,还能看出四个小组的整体情况。

师:是的,单式统计表只反映一个兴趣小组的人数,复式统计表反映的内容更为丰富、全面,能够从整体上了解五年级兴趣小组人数情况。我得替我们的余校长谢谢你们!谢谢你们的智慧!

师:看来复式统计表比单式统计表统计的内容多得多,那单式统计表是不是就没有用呢?

生:不是的。如果一个小组的老师想了解本组信息,用单式统计表就非常简单。用复式统计表没有必要还很复杂。

师:给这位同学鼓掌!当我们只想了解一个小组信息的时候就可以用单式统计表。原来单式统计表和复式统计表都有各自的作用。咱们可不能认识了新朋友,就忘了老朋友。

三、应用生活，体验统计的价值

（一）产生统计需求

师：四种乐器如果只选一种，你想学习什么？（指名学生回答）

师：看来大家各有所好，你们觉得葛大店小学男女生对这些乐器的喜好有什么区别？

生：（手拿单式统计表）就像这张统计表反映的学古筝的女生多一点，男生少一点。这张统计表中学小提琴的男生很多，所以男生会比较喜欢学小提琴。

生：老师，这个表格反映的是华山路小学的情况。如果不是华山路小学，就不能用这个表格来看。

师：这里的数据反映的是华山路小学的人数情况，要想了解葛大店小学男女生对乐器的喜好情况，调查范围和对象有了改变，得到的数据就会发生变化。我们应该用葛大店小学的学生为对象进行统计。

（二）经历统计数据

师：你们准备怎么统计？

生1：我们现在可以统计我们班同学的乐器喜爱情况，用我们班的统计数据暂时代表学校五年级的学生情况。

生2：按男女生分两组调查并统计。

生3：按四大组来调查，形成四组数据。

师：你们准备怎么记录呢？

生1：举手投票进行记录。

生2：负责人一个一个统计，最后合起来。

师：你们觉得哪种方式更合适？

生1：举手表决简单，方便迅速。

生2：举手表决容易遗漏或重复，造成统计不准确。而且有的同学不好意思举手表达自己的真实想法。一个一个统计，才不会重复或遗漏。

师：老师非常赞同第二位同学的意见。一般来说，比较科学的方法是确定好队长或组长，由他们一个一个统计。建议男女生分成两大组，男女生各选择一人来统计。请男女生队长开始统计吧。

（男女生队长把核实正确的统计表交给老师）

师：下面请同学们结合两份原始统计数据，同桌合作，填写我班男女生乐器喜好复式统计表，一人看数据，一人填表。注意：填好后要核对数据。请两名学生上讲台填写。

师：介绍下你们是怎么填的？

生：先填标题，然后写日期，再填男女生的人数，最后填总计。

师：这一栏怎么填写的？对吗？你们填写的和他们的一样吗？

（男女两队课前各选一名队长、一名记录员）

（三）分析统计数据

师：结合你们制作的统计表，说说咱们班男女生乐器喜好的区别。如果今年暑假学校想开设两个乐器兴趣小组，你会建议学校开设哪两个兴趣小组？

生：笛子和小提琴。因为喜欢这两种乐器的同学最多。

生：不行，这只是我们班同学的乐器喜好情况，不代表其他班同学也都想学习笛子和小提琴两种乐器。

师：把掌声送给他！刚才我们统计的只是我们班同学的乐器喜好情况，要决定学校到底开设哪两个兴趣小组，该怎么办？

生：统计的范围应该更大些，比如可以在五年级选两个班，六年级选两个班。

师：说得太棒了！统计的范围应该更大一些，如其他班级同学的喜好。

（四）回顾统计过程

师：回顾刚才对咱们班男女生乐器喜好的调查，想一想都经历了哪几步？

（小结板书：收集数据、整理数据、分析数据）

师：对比两张统计表，它们有什么不同的地方？

生：那张表统计的是华山路小学五年级乐器兴趣小组的人数，我们统计的是我们班同学的乐器喜好人数。

生:数据差距很大。

师:知道为什么吗?

生:那是整个年级,我们只是统计一个班。

生:横栏和纵栏的内容不一样。

生:表头不同,所以横栏、竖栏的内容也相应发生了改变。

四、全课总结,反思学习得失

师:美好的时光总是匆匆而过,静静回忆今天这节课,你们有哪些收获?

生:如果需要统计的数据比较多,我们就可以用今天学习的复式统计表,如果统计单个小组,就用单式统计表。

生:表头可以用斜线分开。

生:我觉得如果统计的信息很多,复式统计表比单式统计表方便许多。

生:我知道了要想获得有效信息,必须进行统计,用真实的数据说话。

生:统计应该经历收集数据、整理数据、分析数据三个环节。

师:真好!真高兴你们能取得这么多的收获,不仅收获了复式统计表的相关知识,还掌握了统计表产生的过程和科学统计的方法。

五、联系生活,拓展对统计的认识

谈话:复式统计表在我们的生活中运用得非常广泛。

(课件依次出示:一日常规统计表、里约奥运会奖牌榜、天气预报、蛋糕店的价目表)

结语:同学们,只要你们拥有数学的眼光,就会发现其实生活中处处有数学。

六、作业设计,提升统计意识

必做题每个人都要完成,选做题两道题学生可以根据自己的兴趣和其他同学合作完成。

必做题:

生活中哪些地方还会用到复式统计表?

选做题 1：

阳阳调查了东山小学各个班级会游泳的人数，结果如下：

一年级：一班 18 人，二班 20 人，三班 16 人；
二年级：一班 20 人，二班 25 人，三班 21 人；
三年级：一班 26 人，二班 23 人，三班 19 人；
四年级：一班 33 人，二班 24 人，三班 29 人；
五年级：一班 36 人，二班 37 人，三班 40 人；
六年级：一班 42 人，二班 40 人，三班 43 人。

东山小学各班级会游泳人数统计表

年　月

年级 / 数量/人 / 班别	合计	一年级	二年级	三年级	四年级	五年级	六年级
总　计							
一　班							
二　班							
三　班							

(1)东山小学六个年级中，哪个年级会游泳的人数最多？哪个年级会游泳的人数最少？

(2)如果三年级每个班都有 45 人，三年级学生中有多少人不会游泳？

(3)如果每个班级的学生人数都不超过 45 人，这个学校最多有多少人不会游泳？

选做题 2：

你们学校 12 月份要开展趣味运动会，想要统计五年级学生喜欢的趣味项目，你打算怎么去统计？

【作业反馈】　由第二天的作业完成情况来看，全班有 43 人，必做题正确率非常高，只有 1 人出现了错误，原因在于计算时出错了。选做题中有 36 人对五年级学生喜欢的趣味项目作了统计，并说了自己的打算。他们先统计每个班学生喜欢的趣味项目，再绘制成复式统计表，从中发现哪个项目更受大家欢迎。开放性的作业设计，将学生数学学习的兴趣延展到课外，增加了数学学习的广度和深度。

（执教者：合肥市华山路小学　左小伢）

【教学总评】

教师教学影响力是指通过课堂教学，学生对所学知识的理解、建构、巩固、运用的程度。在本课的教学设计中，注重发挥学生自主性，突显教学严格性。

(1)自主建构，师生之间相互讨论、交流、分享，在师生的有效互动交往中让学生经历复式统计表产生的过程。学习任何知识的最佳途径是自己去发现，数学知识只有通过学生亲身的主动参与、主动探索，才能转化为学生自己的知识，才能培养学生的创新意识。当学生发现单式统计表比较麻烦时，通过问题“有什么好的方法让我们看起来不那么麻烦呢”，适时引导学生用自己的方式去整理，教师和学生一起自主探索、合作交流，经历由单式统计表合并为复式统计表的过程。教师通过现代教育信息技术，引导学生不断修改、补充，最终水到渠成地创造出复式统计表。教师精准指导与平等合作交流指引学生在“慢慢走”的学习过程中体验感悟，经历知识的增长。

(2)感悟生活，教师利用学生身边的真实问题进行统计相关知识的教学，在解决实际问题中培养数据分析观念。

数据分析观念从本质上讲就是对数据收集、整理、描述和分析判断的感悟，是对整个统计过程的一种整体性感悟，这种感悟是在经历统计活动的过程中逐步形成和发展起来的。统计教学要让学生经历收集、整理、描述、分析数据等全过程，数据分析是统计的核心。教师通过设计“班级学习乐器的整体情况”“如果华山路小学的校长想了解五年级乐器兴趣小组的人数情况，应该把哪种统计表送给他”“今年暑假学校想开设两个乐器兴趣小组，你觉得应该开设哪两个兴趣小组最合适”等学生身边的真实问题，让学生在分析问题、解决问题中感悟复式统计表的价值，培养学生的数据分析观念。

（评析人：方义伦　汪昌华）

教学课例4　小学数学三年级《分数的初步认识(一)》

【教学内容】

苏教版小学数学三年级上册第七单元《分数的初步认识》。

【教学目标】

1. 通过实践活动初步认识“几分之一”，经历“几分之一”的形成过程，理解并体验“几分之一”的意义，会读写“几分之一”的分数。

2. 通过一系列数学活动，培养学生的动手操作能力、观察分析能力、数学思维与语言表达能力。

3. 激发学习数学的兴趣，体会分数与现实生活的联系，初步了解分数在实际生活中的应用。在动手操作、观察比较中，培养学生勇于探索和自主学习的精神，使他们获得运用知识解决问题的成功体验。

【教学重难点】

教学重点：认识“几分之一”和初步理解分数的意义，比较分子是“1”的分数的大小。

教学难点：通过折、涂等动手操作活动，让学生充分感知分数的意义和分子是“1”的分数大小比较。

【教学准备】

教师准备：课件，以及正方形、长方形教具。

学生准备：长方形纸片、正方形纸片、彩笔。

【课堂实录】

一、创设情境、引入课题

师：同学们，有两位小朋友在郊游时想把图上的食物平均分成2份，每人会分多少呢？

生1：把4个苹果平均分成2份，每份是2个。用一道除法算式来表示就是$4\div2=2$。

生 2：把 2 瓶水平均分成 2 份，每份是 1 瓶。算式表示就是 $2\div2=1$。

师：可以把一个蛋糕平均分成 2 份吗？每份是几个？

生：每份是半个。

师："半个"还能用以前认识的数来表示吗？我们聪明的祖先创造了一个新的数来表示"半个"，有谁知道，是哪个数？

生：分数。

板书课题：分数的初步认识。

二、直观感知、抽象概括

师：请大家看屏幕。把一个蛋糕平均分成 2 份，每份是半个，半个就是 2 份中的一份，一份就是蛋糕的$\frac{1}{2}$。每人分得蛋糕的"一半"，可以用$\frac{1}{2}$表示。(课件出示：蛋糕图上呈现$\frac{1}{2}$)

师：(指蛋糕图)蛋糕的这一半，我们可以用$\frac{1}{2}$来表示，那另一半可以用哪个数表示？

生：蛋糕的另"一半"也可以用$\frac{1}{2}$表示。(蛋糕图上再次呈现$\frac{1}{2}$)

师：你是怎么想的，为什么也是$\frac{1}{2}$？

生：我们把一个蛋糕平均分成 2 份，一半就是其中的一份，所以每份都是它的$\frac{1}{2}$。

板书：把一个蛋糕平均分成 2 份，每份都是它的$\frac{1}{2}$。

师：打开课本，自学分数各部分名称。谁能说一说你掌握了分数的哪些名称？

生 1：我知道了分数的读法，读作："二分之一"，也就是 2 份中的 1 份。

生 2：我知道了分数中间的横线叫分数线，相当于平均分，分数线下面的数叫分母，分数线上面的数叫分子。

师:你知道这里的分子1表示什么意思?分母2表示什么意思?

生:我知道"2"指的是把一个蛋糕平均分成的2份;"1"指的是2份中的一份。

三、动手操作、深化认识

师:我们刚才通过平均分初步认识了$\frac{1}{2}$,请大家拿出一张正方形纸折一折,折出并涂色表示它的$\frac{1}{2}$,并和同桌交流你是怎样折的。

(学生操作,教师巡视)

师:已经完成的同学,把自己折的$\frac{1}{2}$举起来给大家看看。

教师从中找出几种不同的折法,在黑板上展示。

师:黑板上这些折法的涂色部分表示的都是这张正方形纸的$\frac{1}{2}$吗?

生:都是。

师:奇怪了,折法不同,每份的形状也不一样。为什么每份都可以用$\frac{1}{2}$表示呢?

生:因为都是把这张正方形纸平均分成了2份。

师:看来不管怎么折,只要是平均分成2份,每份就是这个正方形纸的$\frac{1}{2}$。有时候选择不同的方法,也可以达到相同的目的。

师:你还能折出这张纸的$\frac{1}{4}$吗?

生1:我可以横着对折。

生2:我可以竖着对折。

生3:我还可以按对角线斜着对折。

师:请同学们独立完成想想做做第1题,交流想法。

1.用分数表示涂色部分。

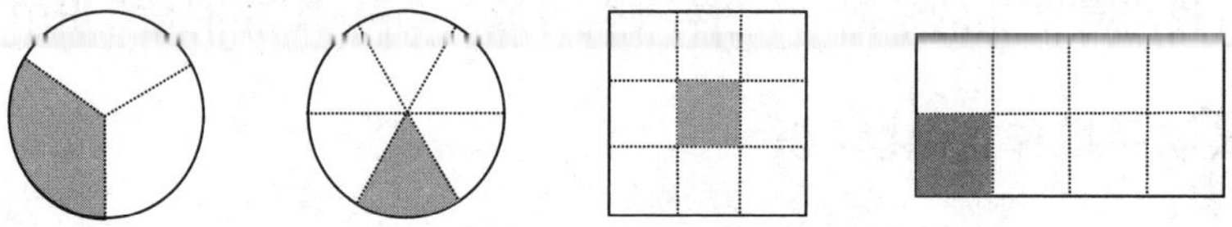

（　　）　　（　　）　　（　　）　　（　　）

生：　$\frac{1}{3}$　　$\frac{1}{6}$　　$\frac{1}{9}$　　$\frac{1}{8}$

师：前两个图形同样大，为什么一个表示$\frac{1}{3}$，一个表示$\frac{1}{6}$。

生：前一个圆形平均分成了3份，后一个圆形平均分成了6份。

师：请同学们独立完成想想做做第2题，交流想法。

2.哪个图中的涂色部分是$\frac{1}{4}$？在（　　）里画“√”。

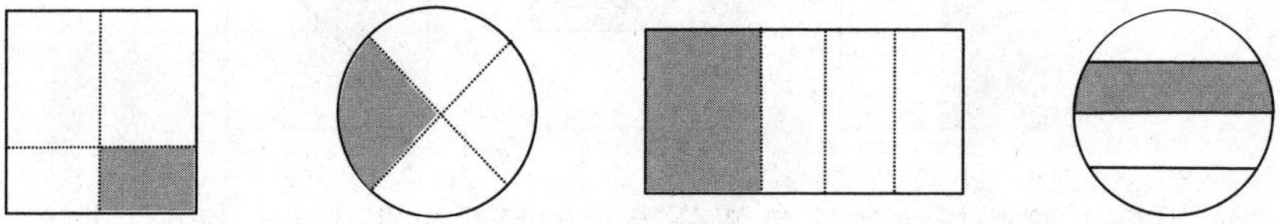

（　　）　　（　　）　　（　　）　　（　　）

师：为什么第二个图形可以用$\frac{1}{4}$表示，其他图形则不行。

生：因为第二个图形平均分成了4份，其他都没有平均分。

四、直观分析、比较大小

师：请同学们先用一张圆纸片折出它的$\frac{1}{2}$，并涂色。再用另一张同等大小的圆纸片折出它的$\frac{1}{4}$，并涂色。

指名贴在白板上，写出$\frac{1}{2}$、$\frac{1}{4}$。

师：猜一猜是这个圆的$\frac{1}{2}$大还是这个圆的$\frac{1}{4}$大？

生：$\frac{1}{2}>\frac{1}{4}$。

师：一位同学还折出了这个圆的$\frac{1}{3}$，想想看，这个圆的$\frac{1}{3}$和它们比会怎么样？

生：$\frac{1}{3}$比$\frac{1}{4}$大，比$\frac{1}{2}$小。

师：你能把黑板上的$\frac{1}{2}$、$\frac{1}{4}$以及这个$\frac{1}{3}$按一定顺序排一排吗？（指名学生上前排序）它们之间可以用什么符号连接？

生：可以用大于号，$\frac{1}{2}>\frac{1}{3}>\frac{1}{4}$。

师：观察这三个分数，你能发现什么规律？

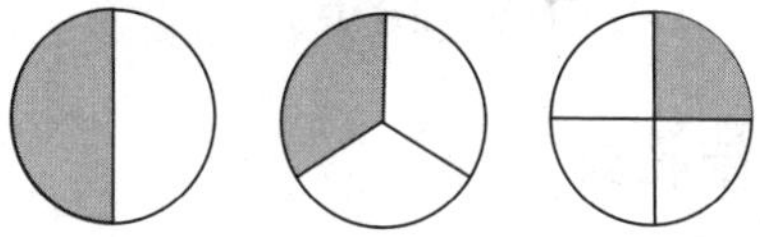

$\frac{1}{2}$　　$\frac{1}{3}$　　$\frac{1}{4}$

生：分母越来越大，分数越来越小。

师：还真是这样！为什么分母越大，这个分数反而越来越小呢？

生1：分母越大，表示分的份数多了，每一份就变小了。

生2：分母越大，表示除数越大，商就越小。

五、练习巩固、消化提升

师：请同学们完成想想做做第3题。

3. 先填一填，再读一读。

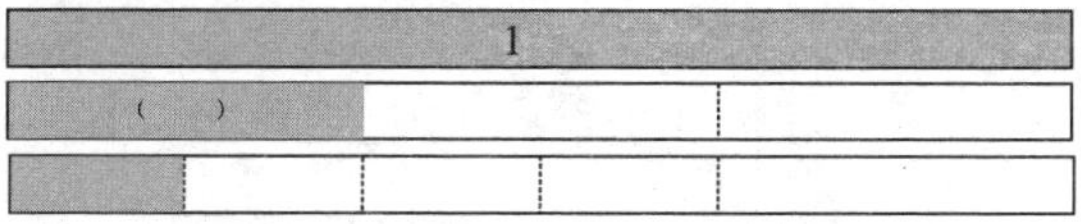

生：$\frac{1}{3}$和$\frac{1}{6}$，$\frac{1}{3}$大于$\frac{1}{6}$。

师：你是怎么想的？

生：长条一样长，分的份数越少，分数就越大。

师：请同学们完成想想做做第4题。

4. 先涂色，再比较大小。

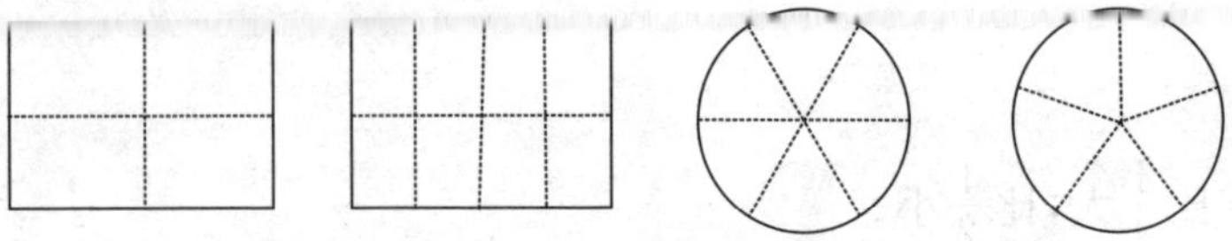

$\frac{1}{4}$ ○ $\frac{1}{8}$　　　$\frac{1}{6}$ ○ $\frac{1}{5}$

生1：$\frac{1}{4}>\frac{1}{8}$，因为两个图形一样大，左边长方形平均分成4份，右边长方形平均分成8份，左边的1份比右边的1份大。

生2：$\frac{1}{6}<\frac{1}{5}$，因为两个图形一样大，左边圆形平均分成6份，右边圆形平均分成5份，左边的1份比右边的1份小。

六、全课小结、总结收获

师：今天你学到了哪些知识？有什么收获？

七、布置作业

1. 用分数表示涂色部分。

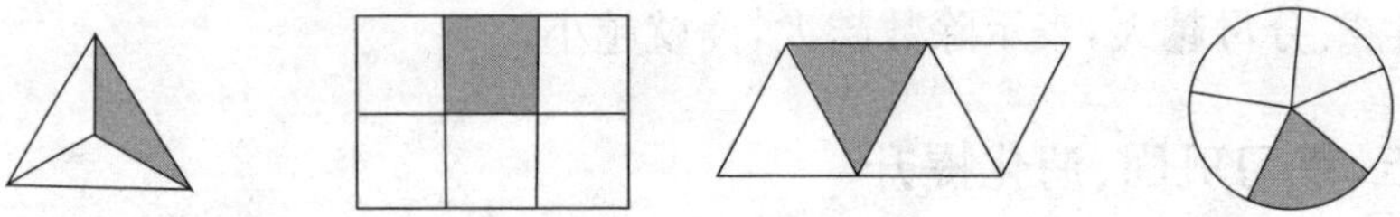

(　　)　(　　)　(　　)　(　　)

2. 下面各分数表示图中的涂色部分正确吗？对的画“√”，错的画“×”。

$\frac{1}{5}$　$\frac{1}{4}$　$\frac{1}{4}$　$\frac{1}{6}$

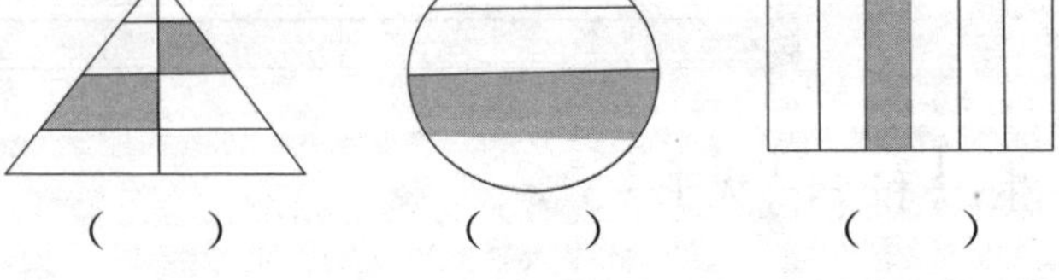

(　　)　(　　)　(　　)　(　　)

（执教者：合肥市华山路小学　徐尚好）

【教学总评】

《分数的初步认识》一课是学生第一次接触到分数，是在整数认识的基础上进行教学的，从整数到分数是数概念的一次扩展，由于分数与整数的意义、读法写法有很大差别，会对学生的学习造成较大障碍。在教学中，徐老师让学生动手操作，并运用多媒体课件进行直观教学。通过以下几个方面对徐老师的课堂教学影响力与亲密度作出分析。

(1)从创设情境开始，教师通过学生熟悉的郊游分食物的情景引入，把生活化的数学贯穿于整节课中，让学生感受数学与生活的紧密联系。整个导入不紧不慢，一步一步引导孩子得出"一个物体或图形的一半可以用分数二分之一来表示"，在这个过程中，也特别强调了分法须是"平均分"这一重点。在分完食物后提到了分蛋糕，通过分蛋糕的课件，简单讲解了分数线就是平均分，分母 2 就是平均分成 2 份，分子 1 就是其中的一份蛋糕。体现数学教学"来源于生活又回归生活"的教育思想。

(2)在教学中，充分体现影响力的"严格性"，徐老师对分数的写法和读法，包括读题的规范，都作了很细致的讲解。例如，在教学$\frac{1}{2}$写法时，强调要用直尺画中间的分数线，在教学分数的读法时，明确从下往上读，读作二分之一，这样的好处就是学生不会把分子分母的位置弄反。在教学$\frac{1}{2}$时，注重题目中的分法"平均分"这个关键词，让学生能够完全理解。

(3)在教学中，注重发挥学生自主性，让学生自己动手操作探究学习，虽然学生的动手操作探究学习尚显粗糙，交流也差强人意，回答有些零乱，但是学生的参与意识、合作能力、探究精神就是在这些粗糙、勉强和零乱中培养、提高的。让学生利用学具自己制作分数，并涂上颜色，在整个过程中，学生折法多样，进而让学生考虑"折法不同，为什么都可以用$\frac{1}{2}$来表示"。另外，及时总结用相同的图形可以得出相同的分数，用不同的图形也可以得出相同的分数。

总之，教师在教学中发挥学生学习的主动性，相信学生，给学生提供了一个展示自我的舞台，学生的能力得到很好的展现，这样的教学一定是有效的。

（评析人：余燕来）

教学课例 5　小学科学四年级《多样的面孔》

【教学内容】

大象版小学科学四年级上册第七单元第 2 课《多样的面孔》。

【教学目标】

1. 让学生了解月亮在一个月的不同时期有不同的形状，清楚月相是在月球围绕地球公转的过程中形成的，变化是有一定规律的。

2. 模拟月球围绕地球公转，观察月球公转过程中的月相变化并作记录。

3. 初步学习利用模型来解释自然现象，意识到宇宙是一个变化的系统。

4. 培养自主性和合作意识。

【教学重难点】

教学重点：模拟月球公转，观察月相变化。

教学难点：解释月相变化的原因。

【教学准备】

月球模型、记录单、圆形卡片、PPT 课件等。

【课堂实录】

一、情境导入、激发兴趣

师：请同学们仔细观看老师为你们提供的太阳、地球、月球运动的视频。在视频中你看到了什么？

生：月球在围绕地球转动。

师：下面请三位同学上来给大家演示一下短片中的场景，谁愿意上来试一试。

生：角色扮演。

师：刚才几位同学表演得非常好。很形象地描述了太阳、地球、月球三个天体在宇宙中的运动关系。在地球上的人们看到的月球又是什么样子的呢？(图片出示满月照片)这是老师记忆比较深刻的月球的样子，我们把它叫作月亮。在你们的记忆中月亮是什么样子的呢？今天我们就一起来晒一晒记忆中的月亮。

课件展示如何呈现记忆中的月亮：

(1)在圆形卡片(有磁性)上把月亮画出来。

(2)用剪刀把月亮减下来交给小组长统一张贴到黑板上。

生：制作、张贴月亮卡片。交流展示如图。

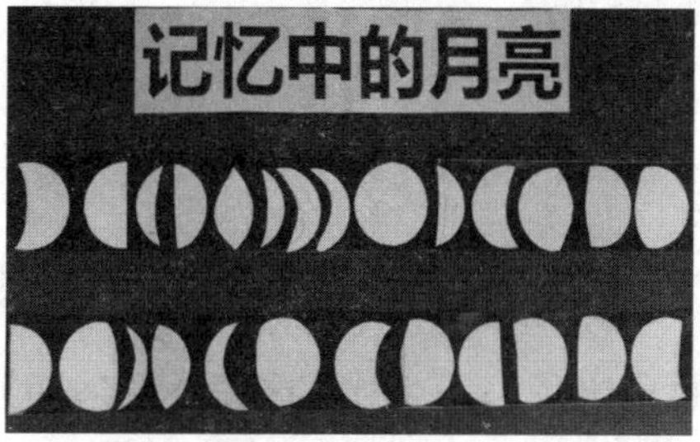

师：请同学们观察一下我们刚才所画出的月亮，圆圆的像圆盘，弯弯的像小船，细细的像金钩。原来，天上的月亮在你们的记忆中有这么多面孔，今天我们就一起来探究月亮多样的面孔。

二、学具演示、整体感知

师：月亮的面孔是不是只有你们画出的这些呢？老师今天为大家带来了月亮面孔演示仪，在观察之前我们先来熟悉一下如何使用这个仪器。

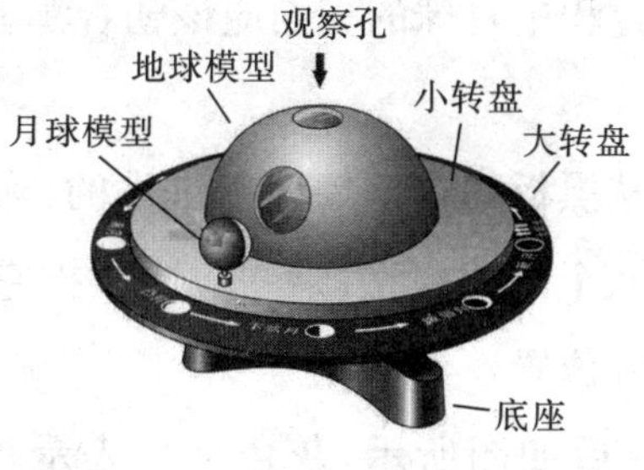

教师手拿学具，介绍使用方法：(1)逆时针转动小转盘(与转盘上的箭头方向一致)，使得月球模型围绕地球模型公转。(2)在转动的过程中我们通过地球模型上的观察孔往下看，就可以观察到月亮了。

师：请一位同学演示操作一下。

生:演示使用月亮面孔演示仪。

师:会使用了吗?分发器材开始观察。

生:分组观察月亮的面孔。

(师巡视、指导学生观察)

师:月亮的面孔是不是只有你们展示的这些。你们还看到了哪些面孔的月亮呢?

生 1:全黑的。

生 2:很细很细的。

生 3:半圆的。

师:原来月亮的面孔比我们记忆中的要多得多,而且地球上的人们所看到的月亮也是在发生变化的。为什么会有这样的变化呢,今天,我们就来作个模拟实验。

三、模型建构、达成共识

师:老师为大家准备了太阳和月球的模型,请大家思考并交流一下如何观察一个月中月球亮面的变化。

生:把太阳放好,一位同学拿着月球围绕另一位同学转动,不动的同学观察转动的月球有什么变化。

师:在月球转动的过程中月球的亮面应该朝着哪里?

生:太阳光。

师:假设太阳光是从黑板的这面墙照射进来的,你们就是地球上的观察者,老师为大家准备了八个月球模型,请一位同学把它放到你们周围的八个位置上。(教师课前画好位置)

生:摆放月球,摆放后如图所示,灰色部分表示被太阳光照亮的部分。(实际模型为半黑半白)

师:分组观察月亮的样子,每组请八位同学分别站在八个月球模型的正前方,记住自己看到的月亮的样子(形状和亮面的朝向),回到座位上裁剪出月亮。

生：观察月亮的样子并裁剪出来，张贴在黑板上的对应位置。张贴效果如图所示。

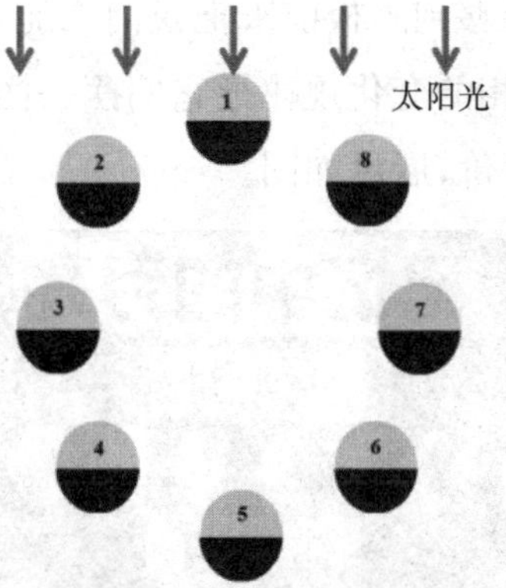

师：这是我们看到的，当月球围绕地球公转一周时，地球上的人们在一个月的时间里观察到的月球亮面的变化，我们把月亮在圆缺变化过程中出现的各种形状叫月相。

师：图中的数字 1～8 大约表示农历一个月中的哪一天呢？

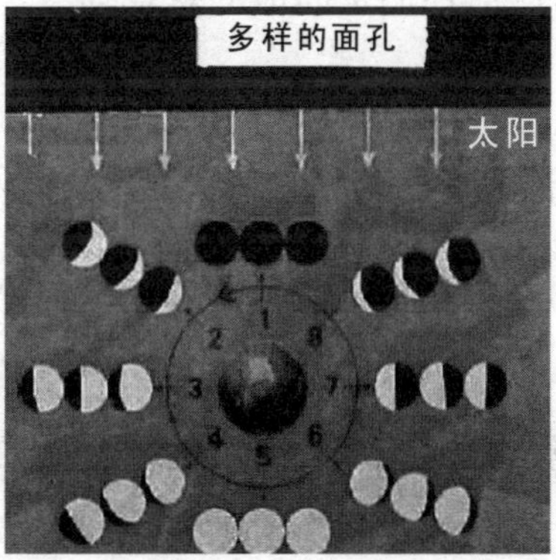

生：1 号位置一般是在农历的月初或月末；3 号位置是在农历初七、八；5 号位置一般是在农历月中，叫满月；7 号位置一般是在农历二十二。

师：请同学们观察我们摆放的月亮，思考一下农历的上半月（初一到十五）月亮的变化有什么规律？

生：月亮由无到有，由小到大，由缺到圆。

师：下半月呢？

生：由圆到缺。

师：上半月和下半月月亮的亮面朝向有什么不同？

生：相反的。

师：现在哪位同学能够到黑板前来把我们之前画出的这些月亮挑一些出来按照农历一个月中月相的变化规律把它们摆一摆。

生：摆月相。交流评价，展示如图。

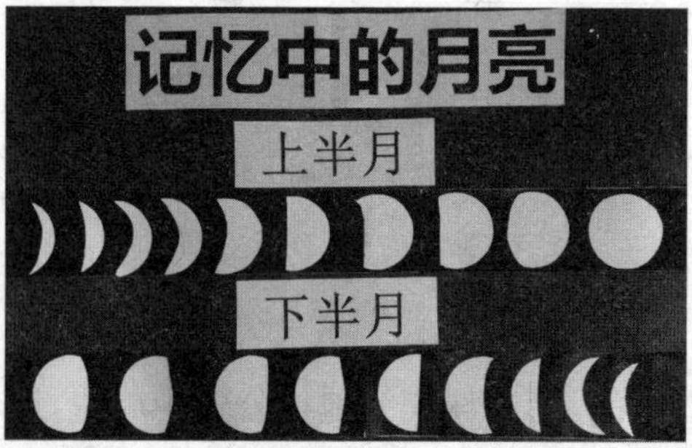

师：请同学们思考一下，月相形成的原因是什么？

生：月球是围绕地球在公转的。

师：课堂上听得真仔细，你们赞同他的观点吗？

生：赞同。

四、作业巩固、拓展运用

(1)请你帮助公安人员判断，谁最有可能是罪犯，为什么？将答案写在记录本上。

课件呈现资料，今年春节晚上，某商店被盗。第二天，公安人员审讯了最有嫌疑的张三和李四。张三说："昨晚十点钟，借着月光我看到李四进商店偷东西。"李四说："十点的时候，我正在家里睡觉。"

(2)利用绘图的形式，记录农历一个月里月相的变化。

【作业反馈】 根据检查结果，全班共有 42 位同学，其中，判断正确的有 38 位同学，能作出正确解释的有 35 位同学。几位同学出现错误的原因在于对春节晚上的月相不了解。教师在进行课堂教学的同时，要引导学生将知识转化为技能，能运用科学知识解释生活中观察到的现象，实现思维的可视化。

（执教者：合肥市华山路小学　李行冬）

【教学总评】

在“做中学”的基础上，对教师交往行为的领导力、严格性、学生自主性进行探索。教师为了帮助学生提高科学探究能力，达成科学共识，重新建构了本节课的探究模型，改进了实验方法，使学生严谨有序地开展自主探究活动，确保了教学目标的整体实现。主要体现在以下几个方面。

一是呈现学生的已有认知，精准定位教学目标，严格落实教学目标，提升教师教学领导力与严格性。在教学导入中，利用视频和角色扮演让学生对月球围绕地球运动形成初步认识，再让学生展示记忆中的月亮，从学生熟悉的情境出发，有效地激发了学生的探究欲望，也为后面探究月亮多样的面孔作了铺垫。

二是利用学具演示，引导学生自主探究。在教学中李老师指导学生观察仪器，初步感知在月球围绕地球公转的过程中，地球上的人们所看到的月亮是在变化的。同时，让学生意识到我们可以通过模型建构的方式来探究农历一个月中月亮变化的规律及月亮多样的面孔形成的原因。

三是优化模型建构，促使学生自主探索，达成科学共识。通过前面一个环节的学习，学生对月球围绕地球转动已经有了初步认知，接着教师让学生思考，自主设计实验。然后，再出示八个月球模型，让学生以地球上观察者的视角将月球模型摆放在不同的位置，呈现出一个月中月球围绕地球运动一周的过程，进而观察一个月里月亮的变化，使学生全面参与教学活动，用模型建构的方法去探索、认识月亮多样的面孔形成的原因，从而培养他们独立、主动的探索精神和动手实践能力，达到科学启蒙教育的目的。既体现了学生的主体地位，也充分发挥了教师的主导作用，更是为本节课学生需要达成的科学共识作了一系列铺垫。

（评析人：汪昌华 余燕来）

第七章

改善小学师生关系的艺体类课程教学课例研究

教学课例1　小学美术三年级《有趣的生肖邮票》

【教学内容】

人美版小学美术三年级下册第18课《有趣的生肖邮票》。

【教学目标】

1.了解生肖的知识及邮票的构成,运用多种方法设计富有艺术性的生肖邮票。

2.在感受中国民间文化艺术、了解邮票知识、尝试设计邮票的过程中,运用绘画的方法表现生肖邮票。

3.了解我国特有的民间文化艺术,培养学生热爱民族艺术的感情,增强学生探究民族艺术的热情和审美意识。

【教学重难点】

教学重点:在设计邮票的过程中,运用绘画的方法表现生肖邮票。

教学难点:生肖动物造型的设计及邮票版面的布局。

【教学准备】

课件、绘画工具等。

【课堂实录】

一、激趣导入

提出问题：

师：同学们，在上课前老师有一首好听的歌曲想要分享给你们，听完之后告诉我你们听到了什么？（播放音乐《十二生肖闯江湖》）

生：十二生肖。

师：对了，就是十二生肖。我们中国人从出生那一刻起便与生肖结下了不解之缘，每个人都有一个属相，你们知道它们的排列顺序是怎样的？我们一起试着说一下。（生：鼠、牛、虎、兔、龙、蛇、马、羊、猴、鸡、狗、猪）

小结：十二生肖对中国人来说有着特殊的意义，每一种生肖都代表着美好的象征，因此从古到今，生肖形象经常出现在民间的玩具、剪纸、刺绣、挂饰、年历中。我国每年也会发行一种代表美好祝福的生肖邮票。今天，我们就来一起体验有趣的生肖邮票设计吧！

（出示课题板书：有趣的生肖邮票）

【教学点评】　导入部分，教师以一段节奏感很强的生肖歌开场，同学们兴致很高，并且很快地说出了十二生肖的顺序，在轻松愉快的氛围中顺利完成了第一部分教学目标。

二、引导学生自主探究生肖邮票设计的构成要素

（一）了解干支纪年法及生肖邮票相关知识

师：你们知道吗，中国古代有一种专门的纪年法叫作干支纪年法，古代人拿十二种动物与十二地支相配，用来记人的出生年份，它们相对应的是子（鼠）、丑（牛）、寅（虎）、卯（兔）、辰（龙）、巳（蛇）、午（马）、未（羊）、申（猴）、酉（鸡）、戌（狗）、亥（猪），也叫属相，十二年一轮回。

师：中国发行的第一枚生肖邮票是1980年的“猴”票。此后就出现了一系列生肖主题的邮票。（出示课件图片）

师：生肖形象作为生肖邮票最主要的部分，有很多的艺术表现形式，同学们参照书本上第40页的内容，说一说，你发现了哪些艺术表现形式？（出示

图片讲解）

【教学点评】 教师介绍十二生肖知识，引出中国的干支纪年法，并且出示图片，让学生了解中国第一枚生肖邮票的来历。与书本内容结合，让学生找出生肖邮票的艺术表现形式。教师授课环节清晰，语言准确，引导有力。

（二）引导学生自主探究邮票设计的构成要素

师：现在我们就以这枚生肖邮票为例，请同学们仔细观察，说一说邮票是由哪几个部分组成的？（学生回答，教师板书小结）

【主题图案】 位于邮票中间的主体位置，所占面积最大，位置最突出。

【面值】 我国规定普通邮票的面值应该在5分至50元之间，出现在邮票最明显的位置，设置在邮票左下、右下或者右上方。

【发行时间】 表示邮票发行的具体年月，出现在最不显眼的位置。

【发行地区】 表示邮票发行的具体地区，设置在邮票下方或者两侧。

师：你们发现了吗？邮票的四边边缘并不是平整的，而是有很多齿孔，你们觉得它有什么作用？（便于撕）

师：刚刚我们了解了邮票的组成部分，那么在生肖邮票中，它的主题图案应该是生肖。我们一起来看一看这几组图片，你们认为邮票中的生肖和现实生活中的生肖一样吗？它们有什么变化？

（板书：造型夸张、有装饰图案、色彩艳丽）

【教学点评】 利用拆分组合的方式让学生思考探究除票面纹样以外其他四部分的合理布局。学生通过自主学习发现，现实中的形象与艺术作品中的形象是存在差异的，艺术作品中的形象带有主观性。引导学生认识艺术作品中的形象是经过作者的主观意识加工的，从而明白艺术源于生活，高于生活的道理。

三、引导学生自主探究票面设计布局

师：我们现在知道了生肖邮票的组成部分，也知道了设计主体生肖图案应该注意的细节，但是怎么对这些元素进行合理布局呢？我这里有一组别人设计好的生肖邮票，你们对比一下，告诉我哪一张比较好？（请学生回答）

小结：所以我们在设计时不仅要把主题图案画得更加饱满，更加有特色，而且要注意其他票面元素的合理布局，把它们放在合适的位置，整张邮票才会更加完美。

师：接下来老师试试创作一枚生肖邮票，你们来帮助我进行合理布局。（教师画生肖，学生说出布局，教师添画）

【教学点评】 教师引导学生自主探究票面设计布局，充分发挥学生的创造性。教师示范引领，启发学生感受创意的奇妙，体会生肖创作风格的统一和变化，形象的统一、细节刻画上的不同，就展现了各自的艺术特色，体现了教师教学领导力。

四、引导学生自主探究生肖邮票设计要点

师：生肖邮票设计有哪些要点？

小组讨论：从表现形式、布局、创意方面分析。（学生分组欣赏不同邮票设计并回答）

小结：我已经尝试创作过了，现在该轮到你们了，请仔细回忆我们刚刚讲授的知识点，自己制作一枚生肖邮票。

【教学点评】 在欣赏中亲身体验和感受生肖动物在民族艺术中的表现形式，用民族艺术语言表现生肖动物。直观的教学通过欣赏、比较、观察，激发学生的创造性。

五、引导学生自主探究设计一枚自己喜欢的生肖邮票

实践要求：主题图案突出、构图饱满、色彩鲜艳，邮票版面布局合理。（播放背景音乐）

【教学点评】 提高学生创意实践能力，将所学知识应用于实践创作中，体会创作的乐趣。

六、教师反馈指导、学生作品展评

1. 生生互评。

2. 教师点评总结。

（引导学生从创意、布局两方面评价，教师评价以鼓励为主）

【教学点评】 评价别人的作品，是学生自主学习和知识反馈的重要内容。通过评价培养学生的语言表达能力。部分学生在设计、制作时出现想象力不够丰富、表现不够多样化的情况，教师应及时启发、引导、鼓励，激发他们的创造性。

七、课外拓展

利用课外知识拓展，提升审美素养。

师：邮票已经成为一种文化，一枚小小的中国生肖邮票，将带着中国的特色，以及中国人民的美好祝愿飞向世界！也希望你们今后有兴趣走入集邮天地，了解更多有趣的邮票知识。

【教学点评】 通过欣赏国内外精美邮票，拓宽学生的视野，提高学生的审美。

（执教者：合肥市华山路小学　祝嘉琦）

【教学总评】

《有趣的生肖邮票》属于第二学段设计应用领域的美术课程，教师在本课的教学中，探索教师教学交往领导力、严格性、学生自主性，以及师生关系亲密度的发展。

一是提升教师教学交往行为的领导力。教师通过设计七大教学环节：音乐导入—探究新知—教师示范—学生作品欣赏—艺术实践—作品展评——课后拓展，循序渐进地组织学生完成课程目标，以提升教师课堂教学的领导力。

二是增强教师教学交往行为的严格性。着重抓对学生作品的教学反馈，在学情分析的基础上，设计知识、能力、情感三维目标，保证它们在教学的导入、探究、课内拓展、课外延伸及反馈等各环节得到严格的落实。

三是提高教师教学交往行为的学生自主性。通过学生自主探究，了解生肖的寓意，感悟造型、花纹、色彩的美和设计所传达的情感。通过欣赏教材中的文字和配图了解我国农历纪年的方式。在深入探究邮票的组成部分、各部分的作用、生肖形象的设计、花纹的装饰以及色彩表现的过程中，充分发挥学生的学习主动性，以提升学生的学习自主性，给学生自由支配的空间。

在教学交往中仍存在一些不足之处。首先教师讲授部分过多,应该多给予学生自主表达探索的机会,教师的领导力则体现在"以生为本"的前提下,如何有组织地引导学生逐步深入探究,达成最终的教学目标。

四是探索师生关系亲密度的生成。教学在一段节奏感很强的生肖歌中开场,学生们兴致很高,课堂师生交往愉快轻松。但是在教授新课时过于注重环节的完整性,趣味性不够,这是教师需要认真反思和改进的地方。另外,在教师示范环节,范画中展示制作的生肖邮票为半成品,没有完整地完成最后的上色部分,建议在今后的教师示范环节可以采用拼贴的方式,师生共同完成邮票几大元素的拼贴和布局,在让学生更加有兴趣地参与教学活动中的同时,能够更加直观地感受票面元素合理布局的概念。在本课的作品展评环节,学生评价过少,教学应注重综合性评价激励功能。在评价方式上以自评、互评为主,结合教师的评价,评价进一步民主化、多样化,才能充分发挥评价的多元功用,让学生体验到成功的乐趣。

(评析人:汪昌华　余燕来)

教学课例 2　小学美术四年级《把自己的画制成拼图》

【教学内容】

人美版小学美术四年级下册第 16 课《把自己的画制成拼图》。

【教学目标】

1. 了解拼图的制作过程,掌握拼图的制作方法。通过绘画、剪贴、拼摆、组合的方法,培养学生动脑动手的实践能力。

2. 在画一画、剪一剪、拼一拼等实践活动中完成拼图的设计与制作。

3. 在拼图制作的过程中感受将创意转化为具体成果的成就感,养成勤于观察、敏于发现、严于计划、善于借鉴、精于制作的行为习惯和耐心细致、团结合作的学习态度。

【教学重难点】

教学重点:发现拼图切割图样重复的规律,并学会制作拼图的方法。

教学难点:创造性地设计拼图的切割方法。

【教学准备】

教材、PPT 课件、微课、自制教具、卡纸、剪刀、油画棒或水彩笔。

【课堂实录】

一、问题导入

师:(课件出示学生优秀作业)同学们,看到自己平时创作的美术作品,相信大家都有一种很亲切的感觉。你的作品在生活中除用来悬挂展示和欣赏外,还有别的用途吗?

生:送给亲戚朋友。

师:其实,我们的作品还可以做成益智玩具。(出示几套用学生作品设计制作的拼图)这是什么玩具?

生:拼图。

师:今天,咱们就当一回小小拼图设计师,用自己的绘画作品制作一套有趣的拼图玩具!

齐读课题:《把自己的画制成拼图》。(板书课题)

二、讲授新知

(一)出示图片,介绍七巧板和拼图的历史

师:在我国,最早的拼图游戏是“七巧板”。它是我国古代劳动人民的一项卓越创造,其历史可以追溯到公元前 1 世纪,到了明代基本定型,明、清两代在民间广泛流传。与今天的拼图最接近的雏形出现在西方,已有约 235 年历史。最初的拼图是充满教育意义的,要么附有短文,要么传授历史或地理知识。

(二)学生游戏和思考

师:了解了拼图的历史之后,想一想:如果把自己的画制成拼图,那么具有什么特点的画面更适合制作拼图?咱们通过一个小游戏来思考一下。游戏规则是将两位学生分成 AB 两组,学生进行拼图比赛,看谁先完成拼图。

生:(上台进行拼图游戏)

师:(出示 AB 两组拼摆的图片)提问:为什么两组用的拼图图案相同,但 A 组很快就拼好,取得了冠军,而 B 组完成的时间却与 A 组相差很远呢?

生:因为 B 组图片没有颜色。

生:因为 B 组图片背景为太空。

师:A 组胜出的原因是他们拼图的画面构图饱满,色彩完整,有利于找到相互拼接的图片,所以能很快完成拼图,而 B 组的画面构图不饱满,空白太多,也没有颜色,不利于找到相互拼接的图片,导致拼图时间较长。所以在制作拼图作品时要做到画面构图饱满、色彩鲜艳。(板书)

(三)对照课件中出现的切割图样,分析拼图作品

师:(出示切割图样)你发现了拼图中哪些重复排列的图形?

生:三角形、平行四边形、梯形等。都是简单的图形。

师:(出示切割图样)还发现了什么图形?

生:正方形和半圆组合的图形等。

师:可以用平均分割的方法,将单一图形进行重复排列组合。也可以在简单分割的基础上加入其他形状,从而得到不同形态的分割样式,再进行重复排列。

(四)小组合作设计切割图

师:除了课本中提供的切割图,你还能创作出新的切割图吗?请同学们前后 4 人为一个小组,进行小组研究,讨论切割图形的特点,尝试设计不同的切割图。

(小组汇报)

生 1:可以是简单的四边花形。

生 2:可以是简单的锯齿形。

师总结:可以是一个图形有序地重复出现,也可以是多种形状组成一组图形,并以这组图形为单位有序重复出现。

师:(出示课件提问)哪张拼图拼得快?为什么?

生:第二张,因为第一张切割的太小。

师总结:切割的图形大小不一样,拼摆的难易程度也是不一样的。

师：切割纹样怎样才能做到标准、美观呢？

生：借助于绘图工具进行设计。

【教学点评】 在教学过程中，教师着重和学生探讨“什么样的画面适合做拼图”，这其中要解决图案的设计、色彩的搭配、整体的构图几个问题。图案完成后，设计拼图的切割方法是本课难点。可以参照课本中的切割方法，也可以自己设计。切割块面的大小、切割方法都关系拼摆的难易程度。在切割过程中有的学生把切割线直接画在了画的表面，造成整体画面的混乱。有的学生切割块面过于随意，增加了拼图的难度。有的画面内容过于简单，也不容易拼摆。针对活动过程中出现的问题，教师与学生们一起探讨解决方案，让学生感受成功的快乐。

三、艺术实践

师：（提示设计要点）绘画作品要构图饱满、色彩鲜艳。为保证拼出的图形不出现裂缝，设计的图形要标准美观，要借用绘图工具进行构图。

师：请同学们选一幅合适的绘画作品，在作品背面设计切割图样，制作一个拼图玩具。要求：绘画作品构图饱满、色彩鲜艳，切割图样有创意、边缘规整美观；使用剪刀时注意安全；制作拼图时应保持教室卫生。

四、展示评价

1. 看谁的拼图作品构图饱满、色彩鲜艳。

2. 看谁的拼图切割图案设计新颖，切割的规整美观。

五、拓展延伸

1. 立体拼图欣赏。

2. 比一比：组内互换拼图，谁能以最快的速度拼好图形。

【教学点评】 教师鼓励学生交换着拼图，并在小组内进行比赛，看谁能以最快的速度拼好图形，激发学生对美术学习的兴趣。

（执教者：合肥市华山路小学 吴娟）

【教学总评】

学生自主探究、合作展示，课堂氛围轻松愉悦。学生在自主学习中，既是拼图游戏的玩者，又要动脑动手成为拼图的制作者。学生通过实践既学习了相关的美术知识，又锻炼了观察、思考和动手实践的能力，提高了创新意识。在整个活动中，学生参与的积极性高，并能在活动中感受到快乐与成功，课堂气氛轻松愉快。

学生自主实践，培养了他们的实践与创新精神。本学段学生已经掌握了美术活动中的一些基本技法，《把自己的画制成拼图》一课，通过把自己的画制成拼图这一过程，让学生在学习美术知识的同时，智力得到开发，创新精神和动手能力得以发展。

（评析人：汪昌华　余燕来）

教学课例 3　小学音乐六年级《校园小戏迷》

【教学内容】

人音版小学音乐六年级上册第 4 课《校园小戏迷》。

【教学目标】

1. 认识京剧的行当，能听出乐曲《京剧唱腔联奏》。

2. 能较好地掌握戏曲的趣味发声练习方法并运用到演唱当中。

【教学重难点】

教学重点：学唱《校园小戏迷》，并学会基本动作加以表演。

教学难点：一字多音、女声的假声演唱。

【教学准备】

多媒体准备：PPT、京剧中的程式动作微课。

实物准备：电子琴、京剧脸谱、水袖、小锣。

【课堂实录】

一、京剧范唱,情景导入

师:欢迎同学们来到京剧小天地、戏曲大舞台。下面请欣赏京剧《苏三起解》选段。(师范唱)

师:谢谢同学们的掌声。在你的脑海里,跟京剧有关的记忆都有哪些?

生1:我们在语文课上学过一篇课文,叫《梅兰芳学艺》。

生2:讲述了梅兰芳刻苦学艺的经过。

师:是的,正是有了这样刻苦的经历,才成就了京剧艺术的一代宗师。

生:我们在音乐课上学过《龙里格龙》。

师:对,这是一首京歌,一起来唱一唱。

师生齐唱《龙里格龙》片段。

生:我们曾经在美术课上画过脸谱。

师:你们都画过哪些脸谱?

生:我画过黑脸包公。

生:我画过红脸关公。

生:我画过小丑。

师:是啊,脸谱也是京剧艺术中重要的表现形式,唐老师也从美术老师那里借来了几张脸谱,我们来认识一下它们。

师边出示脸谱,边和同学们一同演唱:蓝脸的窦尔敦盗御马,红脸的关公战长沙,黄脸的典韦,白脸的曹操,黑脸的张飞叫喳喳,啊。

二、结合"唱、念",学唱歌曲

(一)认识京剧行当的特点

师:看来同学们的脑海里跟京剧有关的记忆还真不少,今天我们再来学习一首戏歌《校园小戏迷》。请听一听、看一看,这些小戏迷扮演的都是什么行当?各有什么特点呢?

（聆听后看 PPT）

生：第一幅是丑角。看上去十分滑稽，搞笑。

生：第二幅是花旦。看起来很漂亮。

师：的确，花旦的面容非常精致。

生：第三、四幅是生角。

师：从他们的衣着和装扮上，你们知道他们扮演的分别是什么生角吗？

生齐：第三幅小生。

师：第四幅是什么生角？仔细观察他的装扮特点。

生：老生。

生：武生。

师：大家看，他的身后插着旗子，在打斗的场合出现，所以他是唱武场的武生。

生：这是花脸。

师：花脸也就是净角，是人物性格特色鲜明的角色。

生：第六幅是花旦。

师：大家真厉害！了解戏剧的行当，能够帮助我们在欣赏京剧表演时，掌握不同行当的特点。

（二）感知生、旦行当的演唱特点

师：这些校园小戏迷们，他们扮演了生旦净丑，请同学们再来听一听，这首歌里出现了几个行当？以及他们的声音特点。（聆听后）

生：我听出这首歌里有两个行当，分别是男生和女生。

生：男生和女生又可以说是生角和旦角。

师：生角的声音特点是怎样的？

生：是粗犷、有力的。

师：是的，在演唱男声部时适合用大嗓演唱，嗓音要洪亮圆润。

师：旦角的声音特点又是怎样的？

生：听上去细腻、婉转。

师：这位同学的用词很好，女声部在演唱时嗓音要明亮婉转，唱出阴柔之美，宜用假声演唱。

师：同学们听得非常仔细。下面请同学们听老师演唱一遍，并且用一强、一弱，也就是戏曲中一板一眼的强弱关系给歌曲伴奏。

（师生合作。师唱生拍手）

师：多么好听的一首表达校园小戏迷喜爱京剧的歌曲啊！

（三）练习京剧的开声

师：我们继续走进这首作品，同学们已经知道了这首歌有生角和旦角，请在歌词中找出京剧演员的四大基本功是什么？

生：唱、念、做、打。

师：非常准确，唱、念、做、打是京剧演员的四大基本功。京剧演员每天清晨都要"吊嗓子"，你听：师范唱"i"的喊嗓（低音起至高音，上行，鼻腔、头腔共鸣）。

（学生很惊讶，跃跃欲试想唱一唱）

生：声音越来越高。

生：声音很细、很尖。

下面就请我们班的小戏迷一起来练一练唱功。

（生模仿唱"i""a"。女生唱"i"，男生唱"a"，音高不同）

师：这是京剧的"喊嗓"，也就是我们的开声练习。大家用这样的方式，跟老师一起，把歌曲哼唱一遍。

（哼唱歌曲，对于中间唱不准确的长乐句，则停下来，分两句学唱。女生演唱部分，提醒学生用上假声。）

(四)通过念、唱,学唱歌曲

师:京剧演员还有一项基本功——念,是指角色所念的道白(对话)。师按节奏范读。请同学们一起来读一读。

男:西皮二黄韵味浓,

唱念做打见真功。

到女生部分,教师提醒用假声念白,示范。

女:仔细学,认真练,

古朴神韵展奇功。

合:古朴神韵展奇功。

师:我们把唱、念合在一起,把歌词加进去,一起来唱一唱。

(跟琴填词唱。男生单独练习第二乐句。有一定难度,音高,需要用假声唱。鼓励男生可以唱好。)

(五)处理歌曲,品出歌曲韵味

师:同学们看看老师画出来的这几句中,有什么特点?说出你的观察。

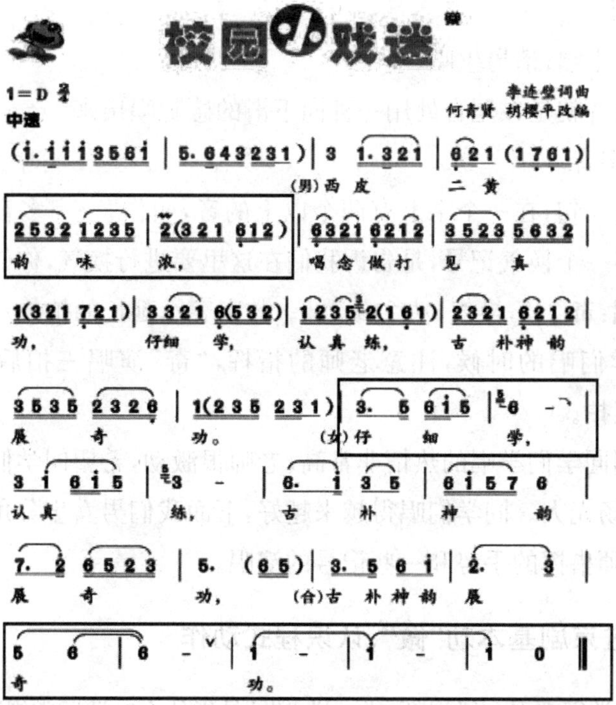

1.波音记号。

生:第一句有一个波音记号。

师:是的,请同学们比较着来听一听,加上波音记号和曲调波音记号在演唱上的区别,波音记号可不可以去除?师范唱。请同学相互唱一唱,说说你们的观点。

生1:唱波音记号时会忍不住晃一晃脑袋,样子很神奇,我觉得不能去掉。

生2:波音记号提醒我们在字尾要收韵,这样更能唱出京剧的韵味。

师:同学们听得很仔细,唱得也很入迷,为了把“浓”字的波音唱得更好,我们的身体会不自觉地跟着音乐摆动起来,显得很有精神,身体和声音自然,且声音很到位,波音也就唱好了。

2.倚音、下滑音。

生:框起来的第二句中有倚音和下滑音记号。

师:给你点个赞,你能把这一句唱一唱吗?

生1模唱。

师:请女生唱;请男生唱。

师:下滑音就是在尾音处用一种向下滑的感觉唱出来。

3.一字多音。

师:最后一句,在一个字上有两个以上的音,叫作“一字多音”,请同学们看,这里还有一个换气记号,是告诉我们在这里要进行换气,你们听。

(师范唱:奇2、3,换气,功2、3、4、5。数字表示延长的拍数)

师:同学们唱的时候,注意老师的指挥,“奇”演唱三拍后,换气,再唱“功”,保持五拍。

师:看到同学们学唱的热情非常高,老师很激动,希望同学们能够把京剧艺术继续发扬光大。同学们唱得越来越好,下面我们男女生分角色跟伴奏演唱。注意老师指挥的手势和一些记号的演唱。

三、走进京剧基本功“做”,认识程式动作

师:请同学们观看一段视频,说一说“做”是指什么?请欣赏视频《梨花颂》。

生：我觉得做就是做动作。

师：真是一位善于观察的同学，这段视频杨贵妃的唱段中，不仅有演唱，还有动作。我们也来学几个京剧中的“亮相”。

师：请几位学生上台模仿孙悟空的亮相动作。

师：同学们学得津津有味，这就是京剧中的“做”，也叫程式动作，唐老师也学了几个，和同学们分享一下。

播放微视频《程式动作的讲解》，包括单山膀、双山膀、云手、亮相、圆场。（同学们边看边比划着学习。不要求全部会做，认识即可）

师：请同学上台模仿一个“单山膀”的动作。

生上台模仿，师语言描述：左手空拳头，右手掌撑开。

师：最后请同学们将唱和做运用到歌曲中，穿上水袖、戴上脸谱，尽情地把歌曲的欢快和韵味表现出来。

四、拓展欣赏，思考京剧的传承与发扬

师：京剧艺术中，唱念做打都值得同学们去钻研、学习，细细品味，期待你们从自己喜欢的方面对京剧进行深入学习。请同学思考，我们如何做才能尽自己的一份力量把戏曲传承下去呢？

生：我喜欢剪纸，可以学着剪一剪京剧人物。

生：我可以多阅读一些关于戏曲的书籍，还可以将它们介绍给身边的人，让更多的人认识戏曲。

生：我喜欢画画，课下我可以多画一画脸谱，争取画得越来越好。

生：我把学会的戏歌唱给家人听。

师：同学们的想法都可以去实践，非常好。京剧是我们的国粹，也是我国的非物质文化遗产，希望同学们能把京剧传承下去，发扬光大，同学们还可以通过把我们学过的京剧片段、戏歌唱给家人听来做一个校园小戏迷！

（执教者：合肥市华山路小学　唐晓露）

【教学总评】

一是教师精心设计，教学引导有力。这是一堂难度较高、有挑战性的戏曲片段教学，由于学生们对京剧知识很陌生，教者课前备课时查阅了京剧的很多知识，对京剧的行当、角色、人物、服饰、唱腔、表演形式有了全面了解。在导课环节，教者设置有趣的话题，激发学生的学习兴趣，让他们自然而然地参与到课堂学习中。在歌曲教学环节，教者先让学生欣赏原唱之后，以亲自演唱的形式范唱歌曲。学生对于京剧的基本知识，如京剧的唱腔、京剧的唱念做打四种表现形式、京剧的几个表演动作，以及发声有了基本了解，并能积极大胆地参与表演和课堂实践。

二是利用学生的学习兴趣，充分调动学生的学习自主性。兴趣是最好的老师，教者能够紧抓如何激发学生对京剧艺术的兴趣这一主题，即学唱的旋律不仅容易学唱，还能把京剧的精髓体现出来，特别是能让学生产生乐于体验京剧的欲望。《校园小戏迷》融入了对京剧艺术学习要领的描述，通俗易懂，含义深刻，朗朗上口。唱腔旋律明快、爽朗、流畅，体现了京剧的鲜明特点。虽然我国京剧的经典唱段很多，但是这些题材离学生的生活太远，很难让学生在情感上产生共鸣，教师在本课教学中选择的唱段《苏三起解》《说唱脸谱》等都是学生熟悉的，所以学生有亲切感，更容易引起兴趣。在教学中，学生对这首京味十足的戏歌《校园小戏迷》，产生了浓厚的兴趣，歌曲里面的角色和唱腔都深深吸引了学生。

三是选择学生熟悉的教学内容和喜欢的教学形式，注重发展亲密和谐的师生关系。教学中，教者让学生欣赏原唱之后，以亲自演唱的形式范唱歌曲，感染学生；选择学生熟悉的唱段《苏三起解》《说唱脸谱》等，采用学生喜欢的戏歌《校园小戏迷》形式，学生有亲切感，教学过程中师生关系亲密和谐。

（评析人：汪昌华　余燕来）

教学课例 4　小学体育三年级《立定跳远》

【教学内容】

人教版小学体育三年级《立定跳远》。

【教学目标】

1. 让学生熟练掌握立定跳远的动作并通过各种活动、游戏强化学生对于关键技术的掌握，提高跳远成绩。

2. 发展学生的跳跃能力、协调性及灵敏性。

3. 培养学生的观察能力，让学生在互助学习、团结协作中增强集体意识、安全意识。建立自信心，发扬积极进取精神。

【教学重难点】

教学重点：双脚用力蹬地向前、向上跃起，双脚同时落地。

教学难点：踝关节用力及屈膝缓冲，轻巧落地。

【教学准备】

小跨栏、多媒体、标志物、音响等。

【课堂实录】

一、激发兴趣（导入新课）

师：今天，我们要上一节很有意思的课，课的主题叫“青蛙跳”，老师相信你们一定能把最好的一面展现出来。一起来喊口号：1、2、3 我最棒！

生：1、2、3 我最棒！

师：那我们先来复习一下前面学过的踏步练习。（放音乐——小动物迪斯科，教师示范）

生：随音乐练习节奏操（头部、肩部、兔跳、体侧、扩胸、两腿蹲伸、青蛙跳）。

二、自学自练(诱导探究)

师:同学们的节奏操做得棒极了! 在刚才的节奏操中,出现了两种小动物,谁知道是什么?

生:青蛙。

生:小兔子。

师:你能模仿一下青蛙和小兔子的跳吗? 看谁模仿得最像。

(分散模仿青蛙和小兔子跳)

师:刚才同学们跳得都很好! 现在老师要奖励同学们一个小故事,高兴吗?

生:高兴!

(学生围到老师身边,教师出示大黑板,黑板上画有清清的湖水和几片荷叶,荷叶上粘贴着一只可爱的青蛙。)

师:一年夏天,老师来到公园,公园的湖面上有一大片荷叶,一只青蛙正半蹲在荷叶上,我慢慢靠近它想看个究竟,青蛙猛地一跳,轻轻地落到了另一片荷叶上。我想这么大的青蛙落到荷叶上,为什么荷叶一点都没有破呢?

生:因为青蛙跳跃的本领大。

生:因为青蛙落在荷叶上很轻。

师:青蛙跳跃的本领这么大,却能轻轻地落在荷叶上,同学们能不能像青蛙一样用力地跳,轻轻地落呢?

生:能。

(学生分散进行青蛙跳,体会怎样才能轻轻落地)

师:哪位同学愿意给大家表演一下?

师:你是怎样跳的?

生:用前脚掌先着地。

生:用脚后跟先着地。

师:同意用前脚掌先着地的站左边,同意用脚后跟先着地的站右边。

(分两边站,结论不统一)

师:大家再试一试两种着地方法,看哪种更好。

（学生分散练习两种着地方法）

生：用脚后跟先着地更好。

师：同学们真聪明！老师和你们的想法一样，用脚后跟先着地，再过渡到全脚掌，这样落地既轻又稳，对吗？

生：对！

师：同学们，我们也来进行青蛙跳荷叶的练习。这儿有个大池塘，各小组将荷叶任意放在池塘里，可跳进去，跳出来，也可学青蛙游回来。要跳得远，落地轻噢！

[学生分成四组，每组有两片“荷叶”（自制荷叶），由组长带领进行自学、自练。]

师：同学们，两片“荷叶”太不过瘾，再加一片“大荷叶”怎么样？

（教师给定器材——两片“荷叶”、一个体操垫、一根牛皮筋，“荷叶”可用来跳，垫子和皮筋可以自由想象进行创造练习。）

师：同学们，我们练了这么长时间，想不想比一比呢？

师：现在我们来评选“青蛙大王”。

（男生一列横队向前跳，比一比谁跳得既远又轻。女生一列横队向前跳，比一比谁跳得既远又轻。）

师：请获得“青蛙大王”的同学上来领奖。

师：老师也想和“青蛙大王”比一比，大家给我们加油！

（教师和两位“青蛙大王”比赛跳远，全体学生观看）

师：老师和两位“青蛙大王”差不多呀！他们只要再练一练，一定能超过我。今天的“大王”，不表示就是明天的“大王”，我们每位同学都来争当“大王”，有信心吗？

三、快乐学习、身心发展

联想与拓展

师：同学们，我们今天学习了青蛙跳，平时你们还见过哪些不同的跳法？

生：转圈跳。

生：跳高。

生:撑竿跳。

生:跑一段后再向前跳(蹲踞式跳远)。

生:单脚跳。

(学生边回答边模仿动作)

师:大家说的都很好!老师和大家一起来试一试这些跳法。

(学生利用皮筋、垫子、体操棒等器材,自由地进行练习。)

四、(身心放松) 交流小结

师:我们一起来做一个“小燕子飞”的游戏。

(教师模仿燕妈妈的动作,学生模仿“燕宝宝”,愉快地进行放松练习。)

组织形式:散点站立队形。

师:同学们,今天我们学习了什么?你们有什么感受?

生:学习了“青蛙跳”,不仅要跳得远还要跳得轻。

生:我感到很愉快。

师:同学们,今天回家以后把学到的本领展示给爸爸、妈妈看,好吗?

师:今天的课就上到这,同学们再见!

(执教者:合肥市华山路小学 王昊)

【教学总评】

一是学生的自主探究,充分发挥学生的主体性。在教学中,运用练习、思考、探索、讨论等教学方法,培养了学生分析问题、解决问题的能力。游戏活动贯穿教学的全过程,实现了体育教学与游戏的有机结合,让学生始终沉浸在良性的学习氛围中,自觉、自主、能动地学习。

二是学生在学中玩、玩中练、练中创,师生关系亲密和谐。运用情景教学激发学生的兴趣,让学生在练习中展示自我,体验学习的乐趣。通过练习给学生创设自我挑战、互帮互助的学习环境,通过自评、互评和师评,使他们感受到成功的自豪感和愉悦感,从而树立自信心。学生们通过在学中玩、玩中练、练中创,享受到体育的快乐和成功的喜悦,师生关系亲密和谐。

(评析人:汪昌华 余燕来)

参考文献

一、著作类

[1] [德]雅思贝尔斯著，邹进译. 什么是教育. 北京：生活 · 读书 · 新知三联书店，1991.

[2] [加拿大]伊丽莎白 · 坎普贝尔. 伦理型教师. 上海：华东师范大学出版社，2011.

[3] 李定仁，徐继存主编. 教学论研究二十年(1979—1999). 北京：人民教育出版社，2001.

[4] 陆有铨. 躁动的百年——20 世纪的教育历程. 济南：山东教育出版社，1997.

[5] [美]赖特 · 米尔斯著；陈强，张永强译. 社会学的想象力. 北京：生活 · 读书 · 新知三联书店，2005.

[6] [美]玛格丽特 · 米德著；周晓虹，周怡译，文化与承诺——一项有关代沟问题的研究. 石家庄：河北人民出版社，1987.

[7] 田汉族. 交往教学论. 长沙：湖南师范大学出版社，2002.

[8] 吴康宁. 教育社会学. 北京：人民教育出版社，1998.

[9] 吴康宁主编. 课堂教学社会学. 南京：南京师范大学出版社，1999.

二、中文期刊类

[1] 班建武. 师生关系中的伦理张力及教育应对. 教育科学研究，2016，(10).

[2] 车丽娜,徐继存. 核心素养之于教学的价值反思. 全球教育展望,2017,(10).

[3] 陈柯蓓,周开发. 我国大学关心教育的缺失及应对———基于诺丁斯关心教育的视角. 广西社会科学,2017,(03).

[4] 陈遇春,张珊骥. 当前高校师生关系的问题及原因探析. 继续教育研究,2015,(04).

[5] 陈旭远,杨宏丽. 文化哲学视野下的师生交往. 现代教育论丛,2005,(03).

[6] 陈旭远,张捷. 教师教学交往风格与教学交往的有效性. 东北师大学报(哲学社会科学版),2000,(01).

[7] 程志宏. 师道尊严的偏离与回归. 学术界,2016,(06).

[8] 褚宏启. 教师领导力:让每位普通教师都有影响力. 中小学管理,2020,(09).

[9] 丛立新. 平等与主导:师生关系的两个视角. 教育学报,2005,(01).

[10] 杜建军. 论新型师生关系的构建——基于哈贝马斯交往行为理论的研究. 河南大学学报(社会科学版),2018,(04).

[11] 樊荣华. 小学语文课堂"平等的师生关系"的作用. 吉林教育,2017,(23).

[12] 顾明远. 学生既是教育的客体,又是教育的主体. 教育学文摘,1981,(11).

[13] 郭华. 师生关系的社会学探讨. 教育科学,2006,(03).

[14] 郝文武. 师生主体间性建构的哲学基础和实践策略. 北京师范大学学报(社会科学版),2005,(04).

[15] 郝文武. 以马克思对象主体论为指导建构师生主体间性. 教育研究,2020,(07).

[16] 郝文武. 知核力:知识的两大本性及其相互影响的复杂层面和关系. 北京师范大学学报(社会科学版),2015,(05).

[17] 郝文武. 主体间师生关系及其教师责任. 教育发展研究,2019,(10).

[18] 何芳. 合法性与强制性——课堂规则的两难困境研究. 教育科学，2017，(03).

[19] 贺武华. 教师惩戒教育权的理性弘扬. 中国教育学刊，2011，(06).

[20] 胡弼成，李姝瓴. 交往行为理论观照下的高校师生关系异化及其回归. 教育与现代化，2010，(02).

[21] 蒋菊，莫运佳，韩永红. 论课堂权力与教师影响力. 教育探索，2013，(08).

[22] 金生鈜. 相互理解与师生关系的新建构. 高等师范教育研究，1994，(04).

[23] 黎平辉. “自我”的消退与回归——教师影响力重建与教师教学个性生成. 当代教育科学，2014，(04).

[24] 黎琼锋，周凤霞. 关心理论视域下的师生关系及其构建. 教育理论与实践，2018，(34).

[25] 李长吉，陶丽. 师生关系研究三十年. 浙江师范大学学报(社会科学版)，2013，(01).

[26] 李长伟. 共识断裂与师生冲突——基于功能论的视角. 北京社会科学，2017，(03).

[27] 李长伟. 师生关系的古今之变. 教育研究，2012，(08).

[28] 李方标. 浅谈探究教学中教师指导与学生自主之间的关系. 中学物理教学参考，2009，(01).

[29] 李瑾瑜. 关于师生关系本质的认识. 教育评论，1998，(04).

[30] 李森，兰珍莉. 全球化背景下师生冲突及其调适. 教育研究与实验，2017，(02).

[31] 李颖，付红梅. 高校“基础”课实践教学中关怀型师生关系的构建. 湖南社会科学，2014，(05).

[32] 李玉萍. 从对立到对话的师生关系——后现代视野下的主体间性教育观. 教育理论与实践，2008，(10).

[33] 李战成，刘大革. 基于关怀教育理论的师生关系构建. 中小学德育，2018，(12).

[34] 林崇德等.师生关系与小学生自我概念的关系研究.心理发展与教育,2001,(04).

[35] 刘冬岩,陈旭远.对话与理解:师生交往语言意义的追寻.东北师大学报(哲学社会科学版),2003,(02).

[36] 刘芳,徐莉.技术理性作用下高校教学交往迷失及其实践超越.江苏高教,2019,(04).

[37] 刘思佳,高瑜.教师的教学交往理性:内涵、机制与策略.教育探索,2011,(05).

[38] 刘万伦,沃建中.师生关系与中小学生学校适应性的关系.心理发展与教育,2005,(01).

[39] 刘细良,秦婷婷,汪丹丹.基于主体间性的多媒体教学师生交往关系研究,远程教育杂志,2010,(02).

[40] 刘晓巍.论教师惩戒权是一种权力及其实现.中国教育学刊,2019,(03).

[41] 刘要悟,柴楠.从主体性、主体间性到他者性——教学交往的范式转型.教育研究,2015,(02).

[42] 陆道坤,杏永辉.论人文型师生生态建设——基于教师伤害事件的反思.教育理论与实践,2018,(10).

[43] 罗刚,佘雅斌."我和你"师生关系及其建构——信息对称环境下的新型师生关系探究.电化教育研究,2010,(08).

[44] 马燕迪.学会关心:对中学教学价值观的反思.教育探索,2016,(06).

[45] 毛玥,卢旭.教师主体性发展的困境及其突破.中国教育学刊,2016,(08).

[46] 上海师范学院教育学教研室.关于人民教师问题的研究.上海师范学院学报,1959,(05).

[47] 邵明英.增强师生互动 提升青年教师影响力.中国高等教育,2016,(18).

[48] 邵晓枫,廖其发.论和谐师生关系的内涵.西南大学学报(社会科学版),2008,(03).

[49] 邵晓枫,廖其发. 我们究竟需要什么样的师生关系——对我国当代师生关系理论构建的思考. 教育理论与实践,2007,(10).

[50] 宋兰舟. 建立民主平等的师生关系. 上海师范大学学报(哲学社会科学版),1959,(01).

[51] 唐道秀. 诺丁斯视野中的关心型师生关系及其启示. 教学与管理,2012,(09).

[52] 陶丽,李子建. 国外师生关系研究进展探析. 比较教育研究,2016,(03).

[53] 滕珺. 教师的专业性与学生的主体性——顾明远"现代学校师生关系"思想述评. 教师教育研究,2018,(05).

[54] 汪昌华. 班级嫌弃儿童的成因及教育对策. 中国教育学刊,2003,(03).

[55] 汪昌华. 班级学生社会分层研究综述. 上海教育科研,2003,(12).

[56] 汪昌华,Geng Gretchen. 基于 IPA 的师生冲突比较研究——以流动儿童与城市儿童为例. 安徽师范大学学报(人文社会科学版),2017,(06).

[57] 汪昌华. 家庭背景对小学课堂师生冲突的影响. 教育学报,2015,(06).

[58] 汪昌华,晋玉,Geng Gretchen. 高校师生关系现状与教师非言语亲切性研究. 国家教育行政学院学报,2017,(02).

[59] 汪昌华,孔舒平. 班级学生学业成就的分层研究. 上海教育科研,2006,(03).

[60] 汪昌华,王守恒. 基础教育阶段班级学生分层现状调查. 中国心理卫生杂志,2006,(11).

[61] 汪昌华. 小学课堂师生冲突产生的过程与机制. 中国教育学刊,2014,(12).

[62] 汪昌华. 中小学师生冲突关系的形成机制与消解策略. 教育研究,2016,(02).

[63] 王本陆. 关于教学工作中师生关系改革的思考. 课程·教材·教法,2000,(05).

[64] 王等等,袁梨清. 十年来国内高校师生关系研究述评. 黑龙江高教研究,2016,(02).

[65] 王吉康,徐继存,改革开放 40 年我国师生关系研究的回顾与反思. 现代基础教育研究,2018,(03).

[66] 王威宣. 建立民主平等的师生关系. 理论与实践,1959,(04).

[67] 王霞,周福盛. 自组织理论下的师生关系重构. 教学与管理,2018,(18).

[68] 吴康宁. 学生仅仅是“受教育者”吗?——兼谈师生关系观的转换. 教育研究,2003,(04).

[69] 肖川. 论教学与交往. 教育研究,1999,(02).

[70] 肖川. 文化生态视域中的师生关系. 高等师范教育研究,1999,(04).

[71] 辛继湘. 论交往教学模式与学生主体性发展. 湖南师范大学社会科学学报,1999,(06).

[72] 辛自强,林崇德,俞国良,教师互动问卷中文版的初步修订及应用. 心理科学,2000,(04).

[73] 徐冰鸥. 社会学视域下的课堂空间意蕴及其价值再审视. 教育研究,2012,(07).

[74] 徐继存. 面向现实教学活动的师生关系建设. 教育研究,2005,(01).

[75] 姚叶,黄俊伟. 过去大学的师生关系与现在大学的师生关系. 大学教育科学,2010,(02).

[76] 叶子,庞丽娟. 试论师生互动模式形成的基本过程. 教育研究,2009,(02).

[77] 银星严,艾军. 论教师权力影响力和有效性对教学的影响. 广西财经学院学报,2006,(01).

[78] 于光远. 关于教育科学体系问题——在全国教育科学规划会议上的讲话. 教育研究,1979,(03).

[79] 于光远. 教育认识现象学中的“三体问题”. 中国社会科学,1980,(03).

［80］余闻婧. 论教师的教学交往素养. 教育发展研究，2016，(18).

［81］张广君. 本体论视野中的教学与交往. 教育研究，2000，(08).

［82］张春玲. 关心视野中的师生关系. 教育评论，2011，(06).

［83］张彦君. 论师生关系的心理教育价值及其实现. 首都师范大学学报（社会科学版），2016，(04).

［84］张增田. 教学交往“对话”品性的迷失与回归. 首都师范大学学报（社会科学版），2011，(01).

［85］钟芳芳，朱小蔓. 教师关切情感的逻辑及其实践路径——兼论当代师生关系危机. 中国教育学刊，2016，(11).

三、外文文献

［1］Anderson D. H. , Nelson J. A. P. , Richardson M. , Webb N. , & Young E. L. . Using Dialogue Journals to Strengthen the Student-teacher Relationship: A Comparative Case Study[J]. *College Student Journal*, 2011, 45(2): 269～287.

［2］Aultman L. P. , Williams Johnson M. R. , & Schutz P. A. . Boundary Dilemmas in Teacher Student Relationships: Struggling with “the Line” [J]. *Teaching and Teacher Education*, 2009, 25(5): 636～646.

［3］Brekelmans M. , Wubbels T. , & den Brok P. . Teacher Experience and the Teacher-student Relationship in the Classroom Environment. // *Studies in Educational Learning Environments: An International Perspective* [M]. Singapore: World Scientific, 2002: 73～100.

［4］Darrell Fisher, Tony Rickards. Associations between Teacher-Student Interpersonal Behavior and Student Attitude to Mathematics [J]. *Mathematics Education Research Journal*, 1998, 10 (1): 3～15.

［5］Frymier A. B. , & Houser M. L. . The Teacher-student Relationship as an Interpersonal Relationship [J]. *Communication Education*, 2000, 49(3): 207～219.

[6] Henderson D. , Fisher D. L. , &Fraser B. J. . Interpersonal Behavior, Laboratory Learning Environments, and Student Outcomes in Senior Biology Classes [J]. *Journal of Research in Science Teaching* ,2000,37:26~43.

[7] Leary T. . *Interpersonal Diagnosis of Personality* [M]. New York: Ronald,1957.

[8] Maulana R. ,Opdenakker M. C. J. L. ,den Brok P. ,& Bosker R. J. . Teacher-student Interpersonal Relationships in Indonesian Lower Secondary Education: Teacher and Student Perceptions [J]. *Learning Environment Research* ,2012,15(2):251~271.

[9] Michael Wei, Yalun Zhou, Carolyn Barber, Perry den Brok. Chinese Students' Perceptions of Teacher-student Interpersonal Behavior and Implications [J]. *System*,2015:55.

[10] Neuliep J. W. . A Comparison of Teacher Immediacy in African-American and Euro-American College Classrooms [J]. *Communication Education* ,1995,44(3):267~277.

[11] Wubbels, den Brok. *Interpersonal Relationships in Education—An Overview of Contemporary Research* [M], Netherlands: Sense Publishers, 2012:3. (Eds.)